名著に学ぶ
60歳からの正解

齋藤 孝

宝島社

はじめに

「人生100年時代」と言われて久しいですが、仮に90歳まで生きると考えると、60歳は人生の3分の2を終えたことになります。

わたし自身、60歳という年齢を通過して見えてきたことがあります。それは、当然のことながら、やはり人生は「無限」に続くわけではないということです。

ただし、それを「生きる限界」とネガティブに捉えるのではなく、むしろ限界がわかれば、残りにできることはこれくらいかという見通しが立ちます。20代の頃は、どれだけの時間が今から続くのか、さっぱりイメージできませんでしたし、取り急ぎ何をすべきかということも自信をもって語ることができませんでした。

しかし、見通しが立つのであれば、逆算しながらやるべき「自分らしい正解」が見えてきます。人生の最後の10年、20年は充実していたと思えるような、そんな日々を送りたいという思いをもっています。

今この本を手に取っていただいている方の多くは、60歳前後であろうと思います。おそらく30歳、40歳のときは仕事で多忙な日々を送り、本と向き合う時間を十分に取れなかったという人も少なくないでしょう。

本に触れるということは、一つにはその人の心を豊かに耕し、精神文化を育みながら、生きる答えを見つけるということです。

モノはお金を出せばたいてい手に入りますが、精神文化は芸術や哲学、思想に触れ続け、自身も思考し模索し続けることをしない限り、手に入れることはできません。ということは、60歳からの人生の正解も見つけにくいということです。

ここで言う正解とは、自分が腹の底から納得できる考え方のことです。

その答え探しを手助けしてくれるのが名著と言われる本の数々です。本には、生涯をかけて考えることを止めなかった古今東西の賢人の叡智《えいち》が凝縮されています。

ニーチェを手に取って読み込むことは、時空を超えてニーチェの人格と同じ時を過ごすことでもありますし、その思想と現代の私たちの思想が重なって、意識と意識が溶け合うことになります。

本書では特に、60歳という人生の大きな節目を迎えた方たちが、これからの生きるヒントとなる本を挙げてみました。

70歳、80歳になってから読むのではなく、60歳前後の今、このときにこそ向き合い、その心理に深く潜って考え抜くことで、この先の年月はきっと充実するはずです。

60歳というこの年齢が、実はいかに可能性の残された輝かしいときであるかも、本書を読むことでおわかりいただけ、明日からの時間を前向きに力強く送ることができるはずです。

ここで挙げた本を一冊でも多く手に取り、繰り返し読み込み、あなたなりの人生の正解を見つけ出してください。

目次

第2章

60歳からの「重荷」を下ろしていく生き方

目次

第4章

目次

第6章 人生100年時代の幸福論

目次

※本文中で引用した作品は、巻末の「引用・参考文献一覧」に掲載の文献に基づきます。原則として原典の文章をそのまま引用していますが、一部、ルビを補うなどの訂正を加えたものもあります。

[スタッフ]
カバーデザイン　坂本達也（株式会社元山）
本文デザイン　近藤みどり
本文 DTP　藤原政則（アイ・ハブ）
編集　田村真義（宝島社）
構成　浮島さとし
制作協力　吉祥寺事務所

第1章

60歳から
どう生きる
べきか

60歳になってからも学び続けること

人は老いても一生かけて学び続けるべき

本書の大きなテーマは「60歳の読書」ということになりますが、わたし自身がこの原稿を書いている時点で62歳を迎えています。読者の皆さんもそうだと思いますが、子どもの頃に自分が60歳になるなんて想像もできなかったのではないでしょうか。何より60歳といえば、かなりの「高齢者」ではないかという印象すらもっていたのではないかと思います。

しかし、実際に60歳になってみるとわかるとおり、その見た目は老人というよりも、普通の「おじさん」や「おばさん」といったところで、気力も体力もまだまだやれる感じがします。ところが、明治時代の文豪の写真などを見ますと、40歳、50歳で既にかなりの風格が漂っています。60歳ともなれば、それはもう「長老」たる貫禄です。
ひるがえって現代はどうでしょうか。食生活の向上や医療の進歩もあって、寿命が延び、今やアンチエイジングがあたりまえの時代です。年齢を重ねてもそれほど老けないせいか、年を取る感覚があきらかに遅くなりました。明治の60歳と令和の60歳では、もはや相当に違うと言えるでしょう。

特に日本は、本格的な超高齢化社会を迎え、「人生１００年」という言葉も定着し、先々には「人生１２０年」の未来の可能性も囁《ささや》かれているほどです。たとえば、最近では80歳で誰かが亡くなると、「まだ早いのに」なんて言われることもしばしばです。その意味で言えば、仮に60歳で定年を迎えたとしても、人生はまだまだ続くのです。

仮に人生を序盤・中盤・終盤と3つのステージに分けて考えてみましょう。単純に30年で区切るとして、30歳までが序盤、60歳までが中盤です。60歳になったときが、まさに人生の終盤が始まろうとしているわけです。

そのような人間の一生を、12ラウンドのボクシングにたとえるとすれば、60歳という年齢は、最初の4ラウンドに続いて、ちょうど8ラウンドが終わったところ。ここから、9ラウンドに突入です。12ラウンドへ向けた最後の4ラウンドをどんな戦略でどう闘い、試合をどのようにまとめていくかは、勝敗を決定づけるうえでも、もっとも重要な場面です。

はっきりしていることは、9ラウンドに入っても闘い続けるということ。つまりは挑み続け、学び続ける気持ちをこれからも忘れないということです。

江戸時代後期の儒学者・佐藤一斎《いっさい》が残した『言志四録《げんしろく》』という書物には、「三学戒《さんがくかい》」(三学の教え)と呼ばれる一節があります。

「少《しょう》にして学べば、壮《そう》にして成すあり。壮にして学べば、老いて衰えず。老いて学べば、死して朽ちず」、というものです。

若いときからしっかり学べば、壮年になってから成すことがある。壮年になってからも学び続ければ、年を取ってからも衰えることはない。老年になって学ぶことをやめなければ、死んだ後も自分のしてきたことは朽ちない。次へと引き継がれていく。

人は老いても一生をかけて学び続けるべきなのだと説くこの言葉は、まさにこれから60代を生きようとする人たちにとっても大切な指針となり得るのではないでしょうか。

人生の後半は「通信簿」に縛られない生き方ができる

採点の終わった人生を生きる

わたしは以前、ある人が「人生の終盤って、もう通信簿が出ているんだよね」と話すのを聞いて、とてもおもしろい考え方だなと思ったことがあります。

その人の言う「終盤」が60歳なのか80歳なのかはわかりませんが、人生の後半で一定の評価が出ているということの発想は、わたしにとって腑《ふ》に落ちるものでした。

つまり、ある会社に入社してある部署に入り、出世して課長になったり、部長になったりした後、定年を迎え、その結果として世の中ではだいたい「このくらいの位置」にいる、というような一定の社会的評価が出ているということなのです。

思えばそれは、長い戦いだっただろうと思います。人によっては中学受験からはじまり、高校受験、大学受験と続き、就職です。わたしの場合は大学院受験が加わりましたから、もう「受験、受験、受験」の年月が続いたわけです。

そして普通ならば入社試験を経て、そこで同僚と仕事の競争がはじまり、出世や昇進をして、それなりの役職に就き、ようやく60歳という節目にたどりつくのです。ここで一定の成績、すなわち「通信簿」が出たということになります。

人生の中締めを意識する

「通信簿」という響きに、覆すことのできない「成績評価」が定まったということで、現実を突きつけられる感じがして、ネガティブなイメージをもってしまう人も多いかもしれません。しかし、別にそれを否定的に捉える必要もないのです。

これからはもうそんな「通信簿」をつけられることはなくなったわけですし、出てしまったものは変えようがありません。現役時代なら「ここをもっと改善すれば通信簿の成績もアップして……」ともがき苦しむことになるでしょうが、そんな心配はもうしなくていいのです。

終わったのだから気にしなくていい、今さら何を言っても仕方ない。どっちでもいい話だと割り切れる年齢。それが60歳なのです。

これは、言い換えれば、一度、人生を「清算」してみるということなのです。つまり、宴会でいうところの「中締め」にあたります。

そこでいったん清算して後の時間はご自由に、というわけです。このまま残ってもいいし、帰ってもいい。二次会でカラオケに移動してもいい。そういう区切りが60歳以降にはやってくるのではないでしょうか。

この中締めというリセットがないと宴会にメリハリがなくなり、ダラダラと続くだけで、締まりのないものになってしまいます。人生でいえば締まりのない60歳以降を過ごすということになってしまうでしょう。

この中締め感覚、リセット感覚というのは、人生の成熟期を迎えた人たちにとっては特に大事になってくるだろうと思います。

現役時代の肩書きから解放される60代以降の生き方

肩書きの意味がなくなる年代

定年を迎え、会社勤めから解放されてみると、おそらく多くの人が気づくのは、組織に属していたことで得られていたメリットが、思っていた以上に大きかったということでしょう。

辞めてみたら、そうしたメリットが一切なくなってしまったという、焦りと驚きに似た感覚は、退職した人なら誰もが多少なりとも味わっているはずです。

わたしの知人に大手の新聞社に長く勤めていた記者がいます。彼は退職してからも記者活動を続けていましたが、取材を申し込んでも断られることが増えたと感じるようになったそうです。

取材相手は、今まで「○○新聞の取材を受けていた」のであり、知人である記者個人と向き合っていたわけではありませんでした。大手新聞社という看板に、安心して取材に応じていただけだったのです。そのときになって初めて、知人の記者は「会社の名前と肩書で会ってくれていたのか」「自分個人の力だけではなかったのか」と身に染みて感じるようになったそうです。

こういう社会的な力、ソーシャルパワーとでも言うべき力を失ってしまったことに、60歳を迎える人はこれからさまざまな場面で気づくことになるでしょう。

通行手形としての肩書き

少し前の話なのですが、わたしはあるティーンエイジャーから「なぜ大学へ進学しなければならないのか」とたずねられたことがありました。

具合的にどう答えたのか、すべては覚えていないのですが、「学歴というのは社会で生きていくための通行手形のようなものだ」という話をした覚えがあります。

世の中には関所のようなところがいくつもあって、学歴というのはいわば通行手形のようなもの。もちろん、中卒や高卒でも立派な人生を歩んでいる人は大勢いますが、やはり「学歴社会」と呼ばれるように、世間で「大卒」という通行手形を必要とする関所が多いのも事実です。企業への就職試験などがよい例でしょう。大手企業は総合職の応募資格に四年制大学卒業を条件に入れているところが多い。国家公務員の総合職も大卒が条件です。逆に言えば、大卒という学歴さえ持っていれば、その資格があるということになります。ある意味、こんなにわかりやすいことはないでしょう。

また、一流と言われる企業に入れば、そこでまたバージョンの上がった通行手形を手に入れることができます。「○×大学を出て○△商社勤務」という通行手形でまた新しい道を進めるようになるのだ、とおおむねそのような話をしたと思います。

もちろん、学歴社会だけが正解ということではないのですが、受験期の狭間《はざま》で悩んでいる若者に、現実をややシンプルにして伝えたわけです。その回答に彼は納得がいったようで、幸いなことに勉強に励むようになり、希望校に合格できたそうです。

通行手形を無くしてからの新しい人生

60歳で会社を退職するということは、この「通行手形」が失効することを意味しています。

先ほどの退職した大手新聞社の記者のように、手形を失くした自分は、もう関所を通してもらえないのではないかという不安感を抱くことになるのです。

60歳を過ぎて職歴や学歴と言われても、有効期限が切れた通行手形なのですから、社会で力を発揮することはできません。問題なのは、そのことに気づけていない人が意外に多いということです。人生の中締めが終わり、清算がいったん終わってリセットし、自分が平場《ひらば》にいるのにもかかわらず、同窓会などへ行って「俺が勤めていた会社では～」「こんな偉い人とこんな大きな仕事をしたものだ」などと現役時代の自慢話をする。期限切れの通行手形を振りかざして自慢話をされても、聞いている側は「まだそんなこと言っているのか」と「ドン引き」する他ありません。

たとえば、高橋是清《これきよ》は鉱山経営で失敗して故郷へ帰ろうと考えていたとき、日銀総裁の川田小一郎《こいちろう》から「帰るのはいつでもできるから、君の体を預けてくれないか」と声をかけられ、「丁稚《でっち》奉公から仕上げていただきたい」と申し入れたといいます。

当時の高橋是清は実業界での経験値は皆無。有効な「手形」を持っていないことを自覚し、一兵卒からやり直す決意を躊躇《ちゅうちょ》なくしたのだから立派です。後に彼は日本銀行総裁や内閣総理大臣を歴任することとなります。それまで持っていた通行手形を振りかざすことなく、新しい人生とキャリアを生きることに徹したことで、高橋是清は成功することができた、と言えるでしょう。

60歳からはプライドが邪魔になる

自分語りが鼻につく60代男性

わたしは30歳前後の頃、「世田谷市民大学」というところでゼミの講師をしていたことがありました。

そのときの受講生の年齢層は、男性の場合は60代以上がほとんど。先ほどの例で言えば、中締めがいったん終わり、人生の新しいスタートを切りに集まってくれた人々なわけです。

そのとき、毎年のように経験したのが、先述した「通行手形」が切れていることに気づいていない人が、一定数いるということでした。そういう人が口にしがちなのが、自分の現役時代の自慢話です。しかもそれは例外なく男性ばかりでした。女性の受講生たちは、そんな「おじさんトーク」にうんざりしていたのです。

つまり、60歳くらいの男性が陥りがちな特徴として、「人生のリセットをし損なう」というものがあることに、当時のわたしは、その教室で気づくことができました。

わたしも男ですし、そのような人々の生きた時代の価値観や背景などを考えれば、その気持ちがわからなくもないのです。とはいえ、価値観とは、時代が変わってもずっと続くものもあれば、そうでないものもあります。

そもそも昭和の時代に男性が自分語りばかりできたのは、ただ女性が我慢を強いられていただけという見方もあるでしょう。ですから、どこかで気づいて自分を清算しなければなりません。その節目の一つが60歳だということになります。

身にまとったプライドを剥がしていく

『全力！脱力タイムズ』（フジテレビ系）というテレビ番組に「全力解説員」という立場で出演しています。ある日の収録で、「先生、歌えますか？」などと挑発され、「できますよ、東大出てますんで」とわたしが強がるという、コント形式の回がありました。

つまり、「東大幻想から抜けられないイタいおじさん」を、わたしが台本に沿って演じたわけです。これがギャグになるということは、言い換えれば、「俺は東大を出ているから」と言い続けるおじさんは、社会では滑稽な存在であるということなのです。

人生のリセットとは、プライドを取り除いていく作業でもあります。自分が10代や20代のときに獲得した自尊心もあれば、30代、40代で働きながら磨き上げてきたプライドもあるでしょう。

しかし、60代になったら、そろそろそこから離れはじめてもいい時期です。過去の自分を振り返り、「がんばったな」とねぎらってあげながら、身にまとったプライドを一つひとつはがしていく。60の節目というのはそういう時期でもあると思っています。

60歳からは新しいことを始めるチャンス

人生の垢を落とし、新しいステージへ

人生の中締めを終えて次のステージへ行くということは、新しいステージや新しいグループに入るということでもあります。会社の人間関係だけだったのが、いったん「ご破算」になって、別の人たちとのおつき合いがはじまる。市民大学もその一つですし、英会話学校やダンススクールなど興味のあるものならば、何でもいいでしょう。

これは「茶飲み友達」を作るという感覚に似ています。ビジネス上の利害関係から解き放たれた人間関係、ただお茶を飲んでしゃべり合うだけの仲間たち、そういう類のつながりは、おそらく会社時代では作りたくてもなかなか作れなかったのではないでしょうか。

私は『世界ふれあい街歩き』（NHK）という番組が好きなのですが、さまざまな街で昼間から市井の人たちが4、5人、通りに集まり、屋外で茶や酒を飲みながら、よくおしゃべりをしています。人生の後半において、そういう場所と時間がこれからの大切な居場所の一つになります。

一般に「井戸端会議」というと女性のイメージがありますが、男も女も60歳を過ぎたら、新しい社交の場を作って、茶飲み仲間を作るのはどうでしょうか。

経年劣化でついた錆《さび》を落として綺麗な姿に生まれ変わるのと同じように、60歳を過ぎたら、これまでの人生経験でついた垢《あか》を落として、新しい自分に生まれ変わる努力をしてみる。60歳という節目の時期は、そのような「錆落とし」チャレンジをしてみるのにちょうどいいのではないでしょうか。

一つの世界に慣れるということは、それだけ習熟度が増すということを意味すると同時に、悪く言えばマンネリ化していきます。

ましてや会社を退職した人であれば、現役時代に身につけた業務上のスキルは、会社以外の場では通用しなくなりますから、60歳を過ぎたときには、ほとんど役立たなくなってしまうでしょう。だからこそ、新しい社交のステージへと飛び込み、新しい学びの場に出会うことが大切になるのです。

教える側から学ぶ側へ

今まで会社の重役というポジションについていた人は部下にあれこれ指示したり、教育したりするのが日課だったわけですから、「教え慣れ」あるいは「指示慣れ」した状態になります。そんな人が会社を離れて、英会話教室など新しい学びの場に飛び込んだとき、自分より20も30も若い人に教えを乞わなければならなくなります。きっとそこには、新鮮な楽しさがあるのではないでしょうか。

課題を出されたり、教室で発表して緊張感を味わったりするというような感覚は、「教え慣れ」して発想が固定化しているような人にとっては、凝《こ》り固まった自分をもっと柔軟にさせるという意味でも、とても大切なことだと思います。新しい自分を発見するよいチャンスにもなるでしょう。

わたしも何年か前、楽器を覚えたいという気持ちになり、月謝を払ってチェロを教えてもらったのですが、その先生は20代でした。

とはいえ、もちろん、チェロの腕前は講師のほうがはるか上。こちらの能力は、最初はゼロに等しいわけですから、どうあがいても太刀打ちできません。これが、実にいい関係なのです。

こちらがどこの大学を出ていようが、本を何冊か書いていようが、そのようなことはチェロの先生にとって何の関係もありません。チェロの経験値がゼロからスタートするのですから従うしかありません。

このとき、「教え慣れ」「指示慣れ」していた自分の態度やプライドをそのままにもっていたら、満足に学ぶことはできないでしょう。60歳からの学びは、あくまでも謙虚に、素直に、をモットーにしてください。

これまでの自分をリセットして、目の前の先生からの教えをすべて受け入れる。心をいったん洗い流して、まっさらな状態にしてみるのは、実は思いのほか、気持ちがいいものなのです。

60歳からの出会いは適度な距離感をもつこと

いくつになっても色気を忘れない

60代にとって、異性との関わりというのも一つの大事なテーマです。

「もう若くないのだから……」と言って背中を丸めて、必要以上に老け込む必要はありません。また、かといって「自分はまだまだ現役だ!」とガツガツ迫っていくのも、やはり違うでしょう。

不倫に走るのは論外として、新しい社交の場で異性の友人と出会うというのは、60歳という節目を迎えた人たちにとって新鮮な感覚であることは確かです。

人としての総合的な魅力というのは、一つにはその人がもつ「人間的な色気」にあるとも言われます。色気といっても、必ずしも官能的な魅力のことだけを指す言葉ではないはずです。

定義づけはなかなか難しいのですが、たとえば、普段からの振る舞いがスマートで、知性が感じられ、社交的で心は開いているけれども、どこかミステリアスな魅力もあり、自分の世界をもちながらも、それを他人に押しつけることもない。

たとえ60歳になったからと言っても、そのように、人としての色気を磨くことをやめずにいたいものです。

それには、本書で紹介するようなさまざまな名著・名作を読んだり、新しい社交の場に飛び込んでみたりして、常に新しい自分に挑戦していく、学びを決して止めないことが大切なのです。

「縁」という自然な出会い

しかし、出会いが大事だからといって、とにかくむやみやたらに出会いの場を求めていくのもどうかと思います。

極端な例ですが、いわゆる「出会い系カフェ」というところにわたしがこれから行って、「齋藤といいます、62になりました。友人づき合いをしましょう」と、ただ単に出会いを求めにいくのは、なかなかつらいものがあります。

なぜつらいかというと、それは出会いの機会があまりに不自然だからです。「縁」という言葉がありますが、巡り合わせによって生まれる自然な出会いには、どこか「縁」としか呼べないような必然性を感じることがしばしばあります。

重要なのは、そうした縁で結ばれた関係なのです。そのような巡り合わせは、興味関心や趣味嗜好が合う人同士が出会えるような場、もっと言えば、「学び」の場のようなところでこそ、起こる可能性が高いのではないかと思います。

例えば、60歳前後の方なら、若い頃にPCとインターネットをはじめたという人も多いでしょう。インターネットが誕生し、ネット上で情報交換や意見交換が行われるようになった当時、よく「オフ会」と称するものが催されていました。オンライン上で出会った人たちが、ネットの外、つまりオフラインで実際に出会うから、「オフ会」というわけです。

それも単に「出会い」そのものを求めてというわけではなく、バイク好き、アニメ好き、旅好き、あるいは出身地が同じ、というようなさまざまな興味関心や共有されたカテゴリーの中で、縁が結ばれ、出会いが起こる。そこでは人格のすべてで通じ合う必要もありません。好きなものやテーマだけで通じているからこそ、ある種の気楽なつき合いができるのです。

人生後半の人間関係は適度な距離感で

思えば、小中学校のときは同級生と、全人格をぶつけ合って友達づき合いをしていました。相手の肩書や出身などを気にして友人を選ぶようになったのは、大人になってからではないでしょうか。しかし、子どもの頃というのは人間同士で向き合います。だから全人格的に認め合う「親友」にもなれるのでしょう。

それに対して、60歳を過ぎてからの友人というのは、必ずしも全人格的な「親友」である必要はありません。むしろ適度に距離を保ち、淡い交わりでつき合っていくのがベストではないかと思います。

荘子《そうし》は**「君子の交わりは淡きこと水のごとし　小人《しょうじん》の交わりは甘きこと醴《あまざけ》のごとし」**

と言っています。

優れた人格をもった人間は、水のようにさっぱりしたつき合いをするけれども、つまらない人間は甘酒のようにべたべたしたつき合い方しかしないという意味です。

60歳以降のつき合いというのは、全人格でなくてもいい。淡い交わりでいい。必要以上に相手の世界に立ち入ろうとしないことが大事です。

好きなこと一点だけのつながりでよいわけですから、その好きな世界に身を置いていたら、自然と淡い人間関係は醸成されてくるはずです。

大学やカルチャーセンターなどの市民講座に通ってみたり、趣味の教室に通ってみたり、と新しい社交の場に足を踏み入れることで、淡い交わりの友達もできます。現役時代を引きずった狭い価値観で生きている「イタい自分」にも気づくきっかけにもなるかもしれません。そのような出会いの場を通じて、新たな社交の型も身につき、何よりも生涯、学ぶことができるようになるはずです。

60歳からの人生は創造性を豊かに育む

駱駝から獅子、そして幼子へ

企業戦士だった人が、退職して次の新しい世界へ入ってみる。60歳という年代は人生におけるそういった大きな節目にあたります。

ニーチェは『ツァラトゥストラ』の中で、「超人」へのプロセスとして、「駱駝《らくだ》・獅子・幼子《おさなご》」の三段階を経て成長すると言っています（『ツァラトゥストラ』と「超人」については、第3章で取り上げましたので、そちらも参照してください）。

まず「駱駝」は、重荷（義務）を背負って耐えながら歩くということ。これは、既存の権威に従いつつ己を磨くことです。たとえば学校へ行って勉強したり、やりたくない宿題や受験勉強をしたりしているような時期とも言えるでしょう。

続いて「獅子」は、自立する強さを身につけて、ときに体制にNOをつきつける強さを持つことです。就職して仕事を覚え、会議で発言して上司や同僚と意見を交わしたり、企画を提案して議論したりするのが、この時期です。

そして、最後は「幼子」です。これは、既存の価値と闘うのではなく、それも含めて受け入れながら子どものように自発的に遊ぶ、あるいは自分で価値を生み出していく時期です。世界を全肯定し創造すること。それこそが人間の最終形態であるということになります。

最終ゴールが逞《たくま》しい「獅子」でなく、「幼子」というのが実に奥深いところ。人間の人生の終盤に「幼子」の「遊び心」が重視されることに注目してください。それはある意味で、自分という人間が誕生した、人生の幼年期に回帰することを意味します。しかし、そこには成長が伴っているのです。

すなわち、人生を3つに分けたその最終段階は、既存の価値も受け入れて、新しい価値や生き方を創造し直す段階であるということです。

確かに思い返すと、わたしたちは子どもの頃、周囲の世界を否定することなど考えもしませんでした。父親や母親、友達の存在も、買ってもらったおもちゃやいつも遊んでいる公園の遊具も、すべてを素直に肯定しながら、自由気ままに遊び、また遊びながら新たな遊びを生み出して過ごしていたはずです。

その創造的な心をいかんなく発揮すべき時期が、実は60歳以降の、人生の後半なのではないでしょうか。「クリエイティブ」などと聞くと、てっきり20代や30代の専売特許のように誤解しがちですが、ニーチェ的には60代こそが旬であるということになるでしょう。そう考えると、これから過ごす時間がポジティブに感じられ、とたんに楽しく思えてきます。60歳になると遊び心で俳句を作りたくなったり、急に絵を描きたくなったりする人もいますが、それは自然なことだとも言えるでしょう。

「耳順う」の精神

年齢ごとの人生の指針を表したものといえば、『論語』に次のような孔子の言葉があります。

「子曰《のたま》わく、吾十有五《じゅうゆうご》にして学に志す。三十にして立つ。四十にして惑わず。五十に

して天命を知る。六十にして耳順う。七十にして心の欲する所に従えども矩《のり》を踰《こ》えず」

15歳で学問を志し、30歳になって自立し、40歳になって迷わず、50歳になって天命をわきまえ、60歳になって他人の言うことを素直に聞けるようになり、70歳になると自由にしても道を外れないようになる、ということです。

どれも心に刻み込んでおくべき言葉ですが、注目したいのは60歳の「耳順う」ことです。60歳といえば人生経験もそれなりに豊富で、若い人よりも知識があり、世の中の道理もひととおり心得ている。けれども、そんな経験と知識の豊富な人間だからこそ、他人に素直になることが大切だと、孔子は自分の人生を振り返っているのです。

「経営の神様」とも呼ばれた、松下電器（現パナソニックホールディングス）の創業者である松下幸之助は「素直初段」という言葉を残しましたが、素直になるということは、心を初期化してまっさらにするということでもあります。

そのうえで「耳順う」の語を常に懐に携えて行動していると、今まで「俺が、俺が」でやってきた人が、「聞いてみようかな」と素直になることができるはずです。

60歳からはもっと素直に

ニコニコ動画に「『うっせぇわ』をビリーバンバン菅原進（73歳）が歌ってみた。」という動画がアップされているのを先日、目にしました。これは73歳の菅原さんが高校生のAdoさんの大ヒット曲を聞いて歌詞が心に刺さり、刺激を受けてその楽曲をカバーしようと思い立ち、動画を制作したとのことです。動画の中で菅原さんは「僕も若い人からエネルギーをもらって、これからも歌い続けます」とコメントしています。まさに菅原さんはAdoさんに「耳順った」ということでしょう。ちなみに、「あなたが思うより健康です」のところが最高です。

わたしも日々、大学で若い学生と接していますが、まずは彼らが言うことを受け入れてみるように心がけています。若い世代の発想は総じて合理的で柔軟ですから、聞いていてハッとする発見がたくさんあるものです。人から言われてみたことには、とりあえずチャレンジしてみて、自分の世界を更新していく。常に自分を新しく上書きしてくれる「耳順う」は、60歳以降の重要なキーワードとして胸に刻むべきでしょう。

70代に向けた10年を意識して生きる

自由に生き、かつ節度を守る

60歳の人が目指すべき次なる節目は70歳ですから、70代に関する孔子の言葉にも触れておきましょう。こちらも今の60代にとって重要なことを語っています。

先に引用したとおり、孔子は「七十にして心の欲する所に従えども矩《のり》を踰《こ》えず」と言っています。

「矩」とはルールや規律、規範、節度を表しています。つまり、「自分の心に従って心のままに動きながらも、ルールはしっかり守る」ということです。

自由奔放さは失わないが、人の道は外さない。当たり前のようで極めて奥深い、60歳以降にとっては命綱のような言葉だと思います。

60歳や70歳になってもパワー・ハラスメントやモラル・ハラスメント、セクシャル・ハラスメントをしてしまう人が、今も後を絶ちません。現代では到底、通用しない過去の価値観から抜け出せず、「矩《のり》」を超えてしまっていることに気づけていないのです。「それ、セクハラですよ」と忠告すると「難しい時代だよな」「それじゃ何も言えないよ」などと、ズレた答えばかりが返ってきます。

しかし、時代に即した価値観をしっかりと身につけ、常に学び、常に自己変革を遂げている人は、そもそもそんなに神経をとがらせなくても、ハラスメントなんてしないものなのです。そういう人は、60歳になる以前、もっと若い年齢の頃に、きちんと学ぶ姿勢というものを身につけることができたのだと思います。

そういう意味では、わたしはできれば30代や40代のうちに、そのような姿勢をきちんと習得しておくべきだと考えています。というのも、やはり年を取ってから直そうと思っても簡単ではないからなのです。好きなように発言したり、行動したりしているように見えるけれども、きちんと一定の規範は破らない人になることを、70歳までの目標にするといいでしょう。

意識しなくてもハラスメント行為をしない、自然体で節度を守れる。それこそが成熟した人間の証でもあるのでしょう。

年齢ごとに到達すべき目標というものがあるならば、60歳、70歳はまさしくそこにあると思っています。もう充分に達成できているから大丈夫と思っている人も、さらにそれを強固なものにできるよう、古い価値観の見直しと日々の上書きをしていきましょう。

60歳の「耳順う」と70歳の「矩を踰えず」。

この二つをセットにして今後の人生の課題とし、10年後の70歳に向けて柔らかく日々を重ねていきたいですね。

新たな価値観を生きる人生100年時代

「マルチステージ」を生きる

本章の最後に、人生100年時代の生き方を考える意味で、世界的な大ベストセラーを一冊、取り上げたいと思います。

それは、ロンドン・ビジネススクールの教授であるリンダ・グラットンとアンドリュー・スコットの共著『LIFE SHIFT（ライフシフト）100年時代の人生戦略』です。同書は、人生100年時代の未来を見据えた時間やお金の使い方など、新しい人生の未来地図を描き、日本でもベストセラーとなりました。

同書の「日本語版への序文」では、「日本は、世界でも指折りの幸せの国」であると述べられています。平均寿命が長いことがその証であり、日本では長寿化社会の負の側面ばかりが強調されるけれども、それを積極的に捉え、むしろよいことなのではないかと問題提起をしています。このような長寿社会には、過去の時代における「正解」は当てにはなりません。そんな新しい未来を見据えた時代を、私たちは今、生きているのだと言えるでしょう。

これは、いわば人類史上、初のチャレンジですね。

『LIFE SHIFT』では「今の80歳は、20年前の80歳より健康だ」と述べていますが、そのとおりだろうと思います。2007年に生まれた子どもの半数は107年生きると予想されると述べられており、それが本当かどうかは定かではありませんが、少なくとも寿命も健康寿命もかつてに比べれば、大きく延びているというのは確かです。

この本の趣旨を端的に言い表すと、3ステージ型の人生に別れを告げようということに集約されます。3ステージ型の人生とは、第1ステージが教育、第2ステージが仕事、第3ステージが引退というものです。仮に75年の人生とすれば、単純に均等して考えれば、25年が教育で、25年が仕事で、25年が引退後の生活ということになるでしょう。『LIFE SHIFT』の著者たちは、これからはそうではないのだと主張しています。寿命が延びて、80代まで働く人がいると、3ステージには限定されない「マルチステージ」の人生を生きることになると言っています。確かに80歳を過ぎてまで働くとなると、従来の生き方を大きく変えなければいけなくなるでしょう。

60代に入ると引退という言葉を耳にすることが増えると思いますが、年金の受給年齢は年々上がってきており、定年退職の年齢も上へ上へとスライドしてきています。現代は仕事をする期間が長くなる一方で、既に3ステージでは収まらないようになってきているようにも思えます。

そんな時代に、どのように私たちは人生のプランを立てればよいのでしょうか。旧来の3ステージの人生では必要とされなかったプランが必要になってくるのです。

著者たちは、これからの新しいステージは選択肢がより多様化すると語っています。例として挙げられるのは、「エクスプローラー（探検家）」という生き方、「インディペンデント・プロデューサー（自分の職を生み出す人、新しい企業家）」という生き方、「ポートフォリオ・ワーカー（並行的にいくつもの物事をやっていく人）」という生き方の3つです。

同書の230ページには、世界的に著名な社会学者アンソニー・ギデンスの、次の言葉が引用されています。すなわち、**「自分の人生を自分で決めれば、リスクが避けられない。多様な選択肢に向き合わなくてはならないからだ。このとき個人に求められるのは、必要ならば過去とほぼ決別し、既存の行動パターンが指針にならない新しい行動を検討する覚悟をもつことである」**。まさにこれからの「マルチステージ」を生きる人たちに向けた金言と言うべき言葉でしょう。

人生100年時代の生き方を名著・名作から学ぶ

先述した3つの生き方のうち、ここでは「エクスプローラー」だけを簡単に説明しましょう。エクスプローラーとは、新しいものごとを発見する喜びを味わいたいがために、冒険の旅へと出る探検者です。どんな人に出会い、どんなものを見て、何を学ぶのかが、私たちの未来を決定づけるわけですから、新しい価値観に出会うためにエクスプローラーはさまざまな旅をするわけです。

それは多様な価値観に触れる、「るつぼ」の経験だと著者たちは言います。「るつぼ」とは、高温で溶けた金属が混ざり合い、別の物質に変わっていく器のこと。新しい人生を生きる人たちは、さまざまな価値観に接し、自分を作り変えていくような豊富な経験を必要とします。そのためには、実際に多くの人たちと出会い、感情的なつながりを通して、多様な価値観を自分の生きた経験とすることが不可欠であるとされます。

自分自身の今までの生き方から外れたような冒険をすること。これまで以上に長い人生を生きる私たちには、それまでの自分を変えてしまうような生き方が、むしろ必要だというわけです。エクスプローラーとして生きることには、年齢は関係ないとされますが、次の3つの年齢が特に適しているとされます。つまり、18〜30歳、40代半ば、70〜80歳の時期です。60歳以降を生きる私たちにとっては、まさにエクスプローラーとして生きる年代の準備に差し掛かっているとも言えるでしょう。

もちろん、むやみやたらにただ冒険をすればいいわけではありません。選択肢を増やしつつ、その中から自分と相性のいいものを選んでいく。これまでの人生で私たちは自分の向き不向きというものをよくわかっていると思います。離婚や再婚、再就職、引っ越し、長期の旅行など、さまざまな冒険の選択肢がある中で自分に合っているものを選ぶことが大切だというわけです。

感情的になるまで自分を突き動かしてくれる体験。これは何も実際の人に会ったり、本当に旅したりすることだけでしか味わえないものではありません。本当に人間味を感じさせる文学作品や伝記作品などを通じて、私たちは他人の人生を「生き直す」ことができます。数ある世界の名作は、人間の深いところで、新しい価値観を芽生えさせるきっかけとなってくれることがしばしばあると思います。

次章からは、日本や世界の、ジャンルにとらわれずさまざまな名著・名作を通じて、人生の後半に差し掛かる60歳を迎えたわたしたちがどう生きるべきかを考えていきたいと思います。『LIFE SHIFT』の著者たちが語るように、そこには多種多様な価値観があり、多種多様な生き方のモデルがあります。60歳からの、人生後半の生き方というのは、人の数だけ正解があると言えるでしょう。

その複数の正解の中から、自分なりの正解を、エクスプローラー（探検者）のように探してみてください。きっとあなたに合った一冊との出会いがあると思います。

第2章

60歳からの「重荷」を下ろしていく生き方

人生後半の心が軽くなる「あきらめ方」の正解

芥川龍之介『玄鶴山房』から学ぶ人生の最期

堀越玄鶴の悲惨な末期

人の一生は死ぬときにその生き方が集約されるともいいます。人がどんな死を迎えるかは、どんな生を送ったかで決まるということなのでしょう。60歳という節目を人生で迎えるとき、死は誰もが強く意識することではないでしょうか。

その意味でいえば、『玄鶴山房《げんかく》』の主人公である堀越玄鶴《ほりこしげんかく》の最期はまさに象徴的なものだと言えます。

もともと画家として知られていた玄鶴は、ゴム印の特許取得や不動産の売買など実業家としても成功し、これにより莫大《ばくだい》な財産を築きます。

一方で、その生き方は自由奔放で身勝手なものでした。妻がありながら家政婦のお芳に手を出して子をもうけたり、郊外に囲ってみたりと、私生活ではゴタゴタが絶えません。

当然ながら妻のお鳥や娘のお鈴からは悪く思われ、さらに愛人のお芳からも真の愛情を得ることはできません。

やがて玄鶴は肺結核を患って病床に臥《ふ》し、近づく死を感じるようになります。当時の結核は不治の病の象徴でしたから、いわば悲惨な末期の典型例として玄鶴の死にざまは描かれたと言えるかもしれません。

アートとビジネスの両面で実績を出して成功し、十分な富を築きながら、最期は誰からも愛されることのないまま、ときに自殺を試みたりするなど、どうにもならない悲惨な形で人生の幕を閉じるのです。

自分の死で周りの人を悲しませない

誰からも惜しまれずに死んでいくというその最期。なんとも救いようがない、このうえない惨めな死に方だと読者は感じるかもしれません。

しかし、このような生き方、あるいは死に方を、わたしは別の見方をすることもできると思っています。それはまさに、「誰も死を惜しんでいない」という点においてです。

普通に考えれば、多くの人から惜しまれて死ぬのが理想ということになるのでしょうが、実はそうではないという見方もあり得ます。

誰からも惜しまれないということは、誰の心にも負担をかけないということでもあります。自分の死で周りの人を悲しませない、ということでもあるのです。

玄鶴は、言うならばやりたいことをすべてやりつくした人です。それにより周囲に迷惑もかけました。当事者たる家族とすれば、「正直、もう逝ってくれて助かったよ」というのが本音でしょう。

これは、皆さんがそうすべきだということではなく、そういう形での「人に迷惑をかけない」死に方というものがあってもいいのではないかということです。

概して人は思いがちです。自分が死ぬとき、きっと家族皆に囲まれて、涙を流してもらい、その中で惜しまれながら人生の幕を閉じるのだと。

しかし、そういうことをあたりまえのように思い、最初から前提として決め込んでしまうのは、実はあまりいい生き方とは言えないのではないでしょうか。

「あの人はやりたいことをやったんだから、もう逝ってもいいでしょう」「おつかれさまでした」くらいの温度でサバサバと送り出してもらったほうが、家族にも友人にも心理的な負担をかけません。

自分自身としてもある意味、好き勝手にやり切った人生なわけですから、「俺の人生これでいいか」と割り切れる部分もあるのではないでしょうか。

ひととおり「生きる」ことができた人の最期

物語では玄鶴の死後、告別式が盛大な形で執り行われ、多くの人が彼の柩《ひつぎ》の前に焼香をしますが、その様子について芥川は次のように描写しています。

一週間ばかりたった後《のち》、玄鶴は家族たちに囲まれたまま、肺結核のために絶命した。彼の告別式は盛大（！）だった。（唯《ただ》、腰ぬけのお鳥だけはその式にも出る訳に行かなかった。）彼の家に集まった人々は重吉夫婦に悔《くや》みを述べた上、白い綸子《りんず》に蔽《おお》われた彼の柩《ひつぎ》の前に焼香《しょうこう》した。が、門を出る時には大抵《たいてい》彼のことを忘れていた。

実際、わたしたちが現実の世界で遭遇するお葬式の場の中には、そんな程度のものもあるでしょうし、それでいいのだとも思います。

そんな中、生前の玄鶴を知る人たちはこのような会話もしています。

「あの爺《じい》さんも本望だったろう。若い妾《めかけ》も持っていれば、小金《こがね》もためていたんだから。」

――彼らは誰も同じようにこんなことばかり話し合っていた。

勝手な生き方をした変なじいさんだったけど、彼はやりたいことを確かにやった、こういう人も理想的とは言えないまでも実際にいるのだと、したがってこういう死に方もあっていいのではないかということです。

思えば、昭和の時代は今とはコンプライアンスもジェンダーの概念も大きく違いますし、こういったお金持ちのおじいさんは多かったはずです。

最近は一般の社会人だけでなく、歌手や俳優など芸能人であっても不倫をすると激しく叩《たた》かれる時代です。最近の価値観に照らせば、褒められた生き方でないのは当然です。

要は不倫の是非ではなく、「生きる」ということにおいて、ひととおりやり切ったかどうかということ。メーターを振り切った形でエネルギーを没入した時間を送り、そのうえで最期を迎えることができたかどうかです。

そのやり切った行動や心理のすべてを、身内とはいえ、家族全員に理解してもらえることは難しいことです。結果として、心からの愛情を最期に得られなかったとしても、「ま、これでいいや」と思える生き方をしてみること。そのための準備を、60歳を境に意識してみるのは必要なことかもしれません。

正義では割り切れない「人情」という正解

岡本おさみ「落陽」に学ぶ「情」のある世界

達観した老人の心に潜む「イズム」

「名著」というカテゴリーとは若干ずれるかもしれませんが、歌手の吉田拓郎さんの曲の中に「落陽」という作品があります。1973（昭和48）年に発表されています。

これは、「襟裳岬」などでも知られる作詞家の岡本おさみさんが書いた歌詞に、吉田さんが曲をつけたもので、歌詞と曲の妙により非常に味わいのある楽曲になっています。

1970年代に多くのヒット曲を世に送り出した岡本さんは、残念ながら2015年に心不全でお亡くなりになりましたが、残された歌詞はわたしたちの心に今も息づいています。

「落陽」の詩は、岡本さんが若い頃に、北海道を一人旅したときの実体験がもとになっており、そこで出会った一人の老人との心のふれあいが詩情豊かに描かれています。

この老人も、道徳的かつ倫理的に模範的な生き方をしているわけではなく、早い話が人生に挫折したチンチロリン（サイコロ博打）に明け暮れる老人なのです。

とはいえ、「模範的ではないけれども味のあるフーテン老人」には、どうにも言語化できない情の魅力があります。

岡本さんは老人にチンチロリンの現場を〝見学〟させてもらった後、博打あけのそのタコ部屋のような空間で老人とゴロ寝をします。翌朝、目が覚めてタバコをふかしていると、老人も眼をさまし、そして二人は寝転がりながら話をはじめます。映画のワンシーンのような、味わい深い場面です。

その会話を岡本さんは、『旅に唄あり』という自著の中で次のように書いています。この本は1977年に初版が出た後、2022年7月に山陰中央新報社から復刻新版が出ています。


「今、どうして食べてるんですか」

「ルンペンですよ」

「どんなきっかけでルンペンになられました。昔の職は？」

「あんたは文章を書いていらっしゃいますが、私も昔はそういうことを志しておりました」

「小説、ですか」

「昔の話ですからね。評論ですよ」

「どんな評論ですか」

「それはもう捨てましたから。アカだと言われて追われました」

「戦争中ですね」

「息子は戦争で殺されましたよ」

「お名前をうかがっていませんが」

「名などありません。評論家をめざしたころもありましたが、書く気持を失くしましたから」

「御家族は？」

「忘れましたよ」

「結婚は」

「しました」

「奥さんは」

「逃げてしまいました」


禅問答を思わせる会話からは、どこか達観した、老人の心の中に潜む、「イズム」のようなものが感じられます。老人は名前の知られた人ではないけれど、無名のまま己の意志を通してきた人のようだと、岡本さんは記しています。

「人情」の世界を忘れないこと

そして、岡本さんがフェリーで北海道を離れるときには、老人はわざわざ見送りにきてくれ、土産にサイコロを二つ手渡すのです。その様子を描いた歌詞が実に泣かせます。第4章で取り上げる芥川の『老人』の房さんもそうですが、だらしないのだけれど、どこか魅力があるという存在、その寄る辺ない生きざまから得られるわたしたちの心の揺れ。

わたしも若い頃、そこに共感をしてこの歌をよく口ずさんだものです。

昔も今のように流行《はや》りの曲というのは恋や愛を歌ったものが多く、このような男臭い、生活臭が漂うじいさんを主人公にした曲は当時としても珍しく、新鮮で心に刺さりました。

人生の「落陽」は、味わい方次第で「深み」が出ます。

正義や道義では推し量れない情の世界にひたれるのも、歌や詩、小説といった文学・芸術を楽しむ醍醐味《だいごみ》の一つではないでしょうか。

人生後半を生きやすくする「素直さ」「謙虚さ」の正解

——松下幸之助／稲盛和夫「経営の神様」の名著に学ぶ素直な生き方

「経営の神様」は素直で謙虚

頑固で気が短くなり、他人の意見に耳を貸さず、思いどおりにならないとすぐにキレる。かつては「学級崩壊」などが深刻視され、「キレる若者」という言葉がしばしば聴かれましたが、超高齢化社会を迎えて、今や「キレる高齢者」のほうが問題なのかもしれません。

その原因をある学生が、個人的に分析してわたしに聞かせてくれたことがありました。その学生によれば、高齢者は、執着する心、そして孤独な心、さらには自己を顕示したい心、これが強すぎるからではないか、というのです。

なるほど、そのとおりかもしれません。学生の話を聞いて、なかなか鋭い点をついていると感じました。若い人ほど中高年を冷静に見ているものなのかもしれません。

私も含めて、60代に入った初老のおじさんたちは、若い人の声に素直に耳を傾けるべきだと言えるでしょう。

とかく、年を取ると、頭ではわかっていても、なかなか素直になることができないものです。素直になることの大切さは、日本を代表する実業家や経営者たちも、その著作で繰り返し語っています。

たとえば、京セラの創業者で、ＪＡＬの経営再建にも手腕を振るった実業家の稲盛和夫さんは、その著書『生き方』で次のように述べています。

感謝の心が幸福の呼び水なら、素直な心は進歩の親であるかもしれません。（略）素

直な心とは、自らの至らなさを認め、そこから惜しまず努力する謙虚な姿勢のことです。人の意見をよく聞く大きな耳、自分自身を見つめる真摯な目。それらを身のうちに備えて絶えず働かせることなのです。（略）素直といえば、日々の反省も心を磨くために忘れてはならない実践であり、素直な心の所産なのでしょう。

「経営の神様」と言われた松下幸之助さんも著書『経営心得帖』で、なにごとをするにも「信念や確信が必要」であるとしたうえで、こう述べています。

ただ何がなしに確信をもつというのでは、これは困ります。必要なのは、謙虚な心持ちの上に生まれてくる確信なのです。謙虚さを失った確信は、これはもう確信とはいえず、慢心になってしまいます。現に、失敗した人々を見ると、往々にして謙虚さを欠き、自分の意見に固執するという傾向が見られるようです。それに対して、謙虚な心持ちの上に、だんだんと確信が出てくれば、それは立派な信念となってだいたいのことは成功に導けるといっていいでしょう。

謙虚な心とは、すなわち素直な心のこと。素直な心が保てれば、自分の弱さを受け入れることもでき、人から教えてもらおうという気持ちになれるはずです。

人の話に耳を傾けて、理解しようと努めることを傾聴と言います。傾聴の姿勢さえ忘れなければ、若い世代の声に抵抗なく、それこそ素直に耳を傾けることができ、年配者としてさまざまな意見をまとめて、正しい答えを導き出せるはずです。それこそが60代の役割とも言えるでしょう。

「六十にして耳順《したが》う」という孔子の言葉を第1章で紹介しましたが、まさに「耳順う」とは謙虚な気持ちで、人の話に耳を素直に傾けることです。松下幸之助さんも、次のように語っています（松下資料館HPより）。

素直な心は人を強く正しく聡明にすると言うてきたやろ。ほんまにそう思うんや。せめて素直な心の初段になりたい。そのためには一日にいっぺん言い聞かせてね、一万回ぐらいやったらな、素直な心の初段になれると思うんでな。まあ30年かな。

素直になることは一日にしてならず、というわけです。他人の声に耳を傾けようと思っても最初のうちはなかなかうまくいかないでしょう。

あの松下幸之助さんも、松下電気の経営成績がなかなか伸びなかった頃に、**「最近、素直になれんのや」**と語ったことがあるそうです。**「わしな、幹部のええところが見えんようになったんや。イライライライラして平常心が持てんようになったんや。素直な心でなくなったんや。どうしてそれを取り戻したらいいか、助けてほしいんや」**と赤裸々に告白しています。「経営の神様」とも呼ばれる人が、自由にならない自己の執着に手を焼いている様子が窺《うかが》えます。

「素直初段」になるには、やはり一朝一夕にはいかない。すぐに投げ出すのではなく、根気よく自分の心に働きかけて、人の話を聞くようにしたいですね。

60代からの聞き上手のススメ

わたしは大学で教鞭をとるという仕事柄、若い人たちと接する生活をもう何十年も送っていますが、学生の言うことは、まずは素直に受け入れるように心がけています。

わたしの場合、本を書いたり、テレビに出させてもらったりと、メディアと接する機会が他の人よりは多いかもしれませんが、それに比例して新しい価値観や情報と接している、というわけでもありません。むしろ、新しい価値観や情報は、学生とのつき合いから気づかされることが多いのです。

そうした「新しさ」は、いつの時代も、若い人の中から生まれてくるものではないでしょうか。その意味では、学生たちの鋭敏な感受性にはとても刺激を受けていますし、そうした感性から生まれたフレッシュな視点と日々接していると、いわば自分を上書きし続けているような感覚にもなれます。常に新鮮な気持ちでいられるのです。

自分の経験だけでしかものを推し量ることができない高齢者は、若い人の声を無視しがちです。それではこれからの60代の人生は、つまらないものになってしまうでしょう。なにしろ、「オヤジ」という存在は、たとえ言っていることが正しくても、言い方一つで、疎まれやすくなるものです。話を聞かない、道理がないとなれば、それはハラスメントと変わりありません。

60歳という節目を、「素直元年」にしてみましょう。

肥大した自尊心から「自由になる」ことの正解

中島敦『山月記』に学ぶプライドの捨て方

高すぎる自尊心がゆえに虎になった男

プライドが高すぎる中高年が他人の意見に耳を貸さず、自分の考えを押しつけて若い人にマウントをとろうとしても、絶対にうまくいきません。もちろん、人が生きていくうえで「誇り」をもつことは大事です。しかし、根拠が乏しく度を越したプライドはときに自身の身を危うくします。

プライドのもち方いかんで自分の身を滅ぼすという意味では、中島敦『山月記』がその典型ではないでしょうか。

10代の頃から喘息《ぜんそく》に苦しんだ中島は33歳という若さで世を去るのですが、高校の教員時代に多くの小説を書き、伝記的小説とも言われる『光と風と夢』は芥川賞の候補にあがりました。『山月記』はそんな中島のデビュー作にあたる小説で、プライドが高く自尊心が膨張しすぎたあまりに、最後は主人公が虎に姿を変えてしまうという話です。清朝の説話集『唐人説薈《せつわい》』にある「人虎伝《じんこでん》」を中島がアレンジしたとされています。

物語の舞台は唐の時代、地方見回りをしていた官僚の袁傪《えんさん》は、道中で虎に襲われるという危機に直面します。

一度は襲いかかってきた虎でしたが、なぜか袁傪を見て躊躇《ちゅうちょ》し、茂みに身を隠すと、やがて涙を流しはじめます。実は、この虎は、袁傪のかつての友人で、エリート官僚でもあった李徴《りちょう》が姿を変えたものだったのでした。

李徴は官僚としての能力が図抜けて高く、自尊心も高い人物でした。一方、それがために無能な上司にペコペコする役人生活に嫌気がさし、詩人として名声を得ようと職を辞してしまいます。

ところが、その高すぎるプライドゆえに、自作の詩を世に発表することができません。もし、発表した詩が酷評でもされれば、自尊心が保つことができないからです。プライドがそれを許さないのです。その結果、賃金を得ることもできず、やがて暮らしは困窮します。とうとう詩で身を立てることを諦め、妻と子どもを食べさせるために地方の下級役人となりますが、なにしろ元はエリート官僚で、さらに超がつくほどのプライドが高い人物です。その自尊心の高さから屈辱に苛《さいな》まれ、やがてその精神を保てず、李徴は森の中へと姿を消し、行方不明になってしまうのでした。

自己正当化と自尊心の権化となった李徴は、激しい精神の葛藤によって、やがて姿を虎に変えました。次第に、頭の中まで獣のようになっていきます。虎になったとき、李徴は次のように独白します。


理由も分らずに押付けられたものを大人しく受取って、理由も分らずに生きていくのが、我々生きもののさだめだ。

プライドの高さから虎になってしまったにもかかわらず、李徴は、あくまでもそれは理不尽な運命によるものであり、自分に責任があることとは思ってもいない様子が、窺えます。

60代は自尊心を脱ぎ捨てる準備を

しかし、旧友の袁傪と再会し、身の上を話すうちに、李徴はそれまでの自分への自惚《うぬぼ》れを自覚します。失敗する自分を認めたくないばかりに、実は何も成し遂げていなかったことに気づいて慟哭《どうこく》します。

何故《なにゆえ》こんな運命になったか判《わか》らぬと、先刻は言ったが、しかし、考えようによれば、思い当たることが全然ないでもない。人間であったとき、己《おれ》は努めて人との交わりを避けた。人々は己を倨傲《きょごう》だ、尊大だといった。実は、それがほとんど羞恥心《しゅうちしん》に近いものであることを、人々は知らなかった。もちろん、かつての郷党《きょうとう》の鬼才《きさい》といわれた自分に、自尊心がなかったとは言わない。しかし、それは臆病《おくびょう》な自尊心とでもいうべきものであっ

た。己は詩によって名を成そうと思いながら、進んで師についたり、求めて詩友と交わって切磋琢磨《せっさたくま》に努めたりすることをしなかった。かといって、また、己は俗物の間に伍《ご》することも潔《いさぎよ》しとしなかった。ともに、わが臆病な自尊心と、尊大な羞恥心との所為《せい》である。

自尊心とは読んで字の如く「自分を尊いと思う心」ですが、自分を大切にしすぎるあまり、自己防衛的になり、かえて他人を貶《おとし》めようとするものです。まさにそれが、李徴が言うところの「臆病な自尊心」であるのでしょう。過剰な自己防衛が、自然と他人からの意見に干渉されることを極端に拒否するのです。

若い頃ならまだしも、60歳も過ぎてそのような「臆病な自尊心」にとらわれていると、周囲から疎まれ、自然と孤立してしまうでしょう。その結果、『山月記』の李陵のように、人間の心を忘れ、恐ろしい獣へと姿を変えてしまいます。

60歳を過ぎたら、もうそのような自尊心からは自由になっていいのです。臆病な自分を隠すプライドという壁を一枚ずつ取り払っていくことが、60歳から70歳へと続く10年間には必要になっていきます。

なぜなら、60代からの10年はまだ現役の延長のようなもので、体力的にもそんなに見劣りもせず、「まだまだやれる」という実感も持ちやすいでしょうけれども、70歳からの10年間は違います。次第に体力は衰え、それまであたりまえにやってきたことも、徐々にできなくなっていくことが増えていきます。どうしても他人の力を借りなければ、生活もままならないときだって、いつかやってくるのです。具体的には介護がよい例でしょう。

他人の手を借りなければいけないときに、自尊心が勝ってしまい、せっかく手助けを素直に受け入れられなければ、やはり困るのは自分のほうなのです。小さなプライドにこだわっている時間は、もう終わりにしなければなりません。

肥大した自尊心に振り回される李徴

李徴の拗《こじ》れた自尊心は、虎になってもなお続いているように見えます。たとえば、久しぶりに会った旧友・袁傪に対して、自分が完全に人間でなくなる前にこんな頼みごとをするのです。

ほかでもない。自分は元来詩人として名をなすつもりでいた。しかも、業いまだ成らざるに、この運命に立至《たちいた》った。かつて作るところの詩数百篇、もとより、まだ世に行なわれておらぬ。遺稿の所在ももはや判《わか》らなくなっていよう。ところで、そのうち、今もなお記誦《きしょう》せるものが数十ある。これをわがために伝録していただきたいのだ。なにも、これによって一人前の詩人面《づら》をしたいのではない。作は巧拙《こうせつ》は知らず、とにかく、産を破り心を狂わせてまで自分が生涯《しょうがい》それに執着したところのものを、一部なりとも後代に伝えないでは、死んでも死に切れないのだ。

自分の執着を何とかして世に残そうとする。これもまた、一つの執着です。ひととおり、自分の詩に対する思いを語った後、李徴はようやく妻子のことを袁傪に託します。そして、慟哭《どうこく》の声を発した後、次のように語るのです。

ほんとうは、まず、このことのほうを先にお願いすべきだったのだ、己《おれ》が人間だったた

なら。飢え凍《こご》えようとする妻子のことよりも、己《おのれ》の乏しい詩業のほうを気にかけているような男だから、こんな獣に身を堕《おと》すのだ。

自分の恥を告白しながらも、さらに自らの自尊心を満たすことにこだわらずにはいられない李徴。肥大した自尊心がいかに、自己というものを振り回してしまうのかがよくわかります。

自尊心の高さゆえに浪人を繰り返す

これは知人から聞いた話なのですが、大学受験のために浪人して予備校に通っていたとき、七浪をしている人が同じクラスにいたそうです。

話を聞いたら「自分は東大しか受けない」と言い、滑り止めは一つも受けていなかったそうです。そういうレベルの大学には、「いつでも受かるが行くつもりはないので受けない」と言い切り、東京大学だけを毎年受験し続けて、結局7年目に突入したとのことでした。

もしかしたら、その七浪の彼は、東大はもとより、もっと難易度が低い大学でも自分の成績では受からないだろうということを、恐れていたかもしれません。

しかし、そんな大学に受けて不合格通知をもらった日には、その現実を直視することができず、自尊心を保つことができなくなるかもしれません。知人はその人のことを少し気の毒にさえ思ったと言いました。

結局、その彼は7回目も不合格に終わり、受験をあきらめて故郷へ帰ったそうです。

今も元気でおられるなら、ちょうど60歳くらいだということでした。

ありのままの自分を受け入れる勇気

「自分はできる人間だ」「人より優れた才能をもっているはずだ」と思っていながら、「そうでない自分を知るのが怖い」。だから、「やらない」という選択肢を選んでしまう。

あるいは、「自分は優れた人間だ」という根拠のない思い込みから、できない姿を他人には見せたくないと強烈に感じてしまう。

そのような、悪い意味での「自己肯定感」から脱却できない人は、実は世の中にたくささんいるのではないでしょうか。

ここで取り上げた中島敦『山月記』の虎になってしまった李徴が、まさにその一人だと言えるでしょう。プライドが人一倍高く、詩人としての才のない自分を認めたくなかった李徴は、他人の評価が怖くて、自尊心を守るために作品を発表することができなかった。結局のところ、何もしてこなかったのです。

李徴はその半生を振り返って、次のように懺悔しています。

今思えば、まったく、己《おれ》は、己の有《も》っていた僅《わず》かばかりの才能を空費してしまったわけだ。人生は何事をも為《な》さぬにはあまりに長いが、何事かを為すにはあまりに短いなどと口先ばかりの警句を弄《ろう》しながら、事実は、才能の不足を暴露《ばくろ》するかもしれないとの卑《ひ》怯《きょう》な危惧《きぐ》と、刻苦を厭《いと》う怠惰《たいだ》とが己のすべてだったのだ。己よりも遥《はる》かに乏しい才能でありながら、それを専一に磨《みが》いたがために、堂々たる詩家となった者がいくらでもいるのだ。虎と成り果てた今、己はようやくそれに気がついた。それを思うと、己は今も胸を灼《や》かれるような悔いを感じる。己にはもはや人間としての生活はできない。たとえ、

今、己が頭の中で、どんな優《すぐ》れた詩を作ったにしたところで、どういう手段で発表できよう。まして、己の頭は日ごとに虎に近づいていく。どうすればいいのだ。己の空費された過去は？　己は堪《たま》らなくなる。そういうとき、己は、向こうの山の頂の巖《いわお》に上り、空谷《くうこく》に向かって吼《ほ》える。

空虚な過去を振り返ってたまらない気持ちになり、虎の姿で「空谷に向かって吼える」李徴の心情を推し量るとき、わたしたちは胸が締めつけられる思いになります。

たとえ東大に入れないとしても、大学なんてたくさんあります。入れないなりの学力を「専一に磨いた」ことによって「堂々たる」大学生になり、やがて就職して社会人になって実績を残した人が「幾らでもいるのだ」ということ。

そのことを教えてくれる人が、彼の周りにはいなかったのは不幸だったかもしれませんが、結局は自分の人生です。厳しいことを言うようですが、助言者がいないのであれば自分で気づくしかありません。

また、そうやって肥大化したプライドを、いくつになっても大切に温め過ぎていると、周囲の人に迷惑をかけ、疎まれた末、いつか孤独な虎のようになってしまうのも困りものです。そういう人は、改めて中島敦『山月記』を読み直し、プライドと自尊心から自由になることを、教訓として学ぶことをおすすめします。

ノー・ストレスな人生後半を生きる正解

ブッダの言葉に学ぶ
執着にとらわれない
人生後半の生き方

欲望に流されない大人になる

頑固でキレやすく、他人の意見に耳を貸さない高齢者の内面には、捨てられないプライドや自尊心、それゆえに深まる孤独心など、これまでの人生経験によって培われてきた、肥大した自己に対する執着があるのではないか、というような話を先にしました。

実際に、わたしたちは日々生きていく中で、さまざまなことに執着し、とらわれて生きています。そうした執着にとらわれた人間は、自分の思いどおりにならないと、ついストレスを感じ、溜め込んでしまうものです。

わたしたち人間ははるか昔から、この執着というものに悩み、苛まれてきたようです。たとえば、紀元前5世紀にインドで誕生した仏教では、この執着（仏教では「執著《しゅうじゃく》」と言います）という煩悩から脱することが、仏教の根本的な教えとされています。

仏教の開祖であるブッダ（釈迦）自身は一冊の書物も残しませんでしたが、その言葉は弟子たちによって語り継がれ、後世において文字に書き留められました。ここで紹介する『ダンマパダ』（法句経）は、仏教学者・中村元さんの翻訳で『真理のことば』という表題で知られ、日本でも長年、読み継がれてきています。

その中で、ブッダは「執著する心」とは人がもつ根源的な煩悩の一つであり、執著から苦しみが生まれるのだと説いているのです。『ダンマパダ』には次のような言葉があります（引用は、中村元さんの訳に基づきます）。

愛欲になずんでいる人々は、激流に押し流される、——蜘蛛がみずから作った網にし

たがって行くようなものである。思慮ある人々はこれをも断ち切って、顧みることなく、すべての苦悩をすてて、歩んでいく。

　ここで「愛欲」と訳される言葉は、「貪欲」とも呼ばれます。つまり執著し、欲を貪る者は、蜘蛛が自分の糸で巣を作ると、その糸の上しか歩けなくなることと同じなのだと説いているのです。

　執着から抜け出せない人は、ものごとを自分の偏見に基づいて、決めつけてしまいがちです。昭和に生まれ、その時代の教育を受けて育ち、自分が獲得してきた知識や道徳観こそが絶対に正しいと思うことも、執着（執著）なのです。

　半世紀を超える人生で得た成功体験だけで生きていくことは、**「みずから作った網にしたがって行く」**ようなものです。それこそまさに、同じ自慢ばかりする「イタいじいさん」の姿そのものと言えるでしょう。

　一方で、思慮深く賢い人は、そうした執着にとらわれることはありません。たとえ、とらわれていたとしても、自らそれに気づき、己を律して、その執着から抜け出すことができることでしょう。そのような人物はまさに**「すべての苦悩をすてて、歩んでいく」**のです。

市民大学で、4月のうちは自己顕示欲の塊だったような「元企業戦士」が、やがて自身の滑稽さと迷惑さに気づき、その行動を改め、講師のわたしに「先生、楽になりましたよ」とおっしゃったことがありました。

その姿は、まさに自分の執着（執著）から抜け出せた、つまりは**「すべての苦悩をすてて、歩」**みはじめたということなのだと思います。

ストレスから解放される生き方

執著という煩悩は多かれ少なかれ、人間であるかぎり誰しもが心の中に抱えているものです。ブッダをはじめとして多くの人々が、この煩悩から脱すること、つまり「解脱」するという悟りを求めて、精進してきました。しかしながら、それができた人はあくまでも極少数の人々だったことでしょう。煩悩から完全に脱することは行い難い、けれども、その煩悩の所在を見極め、それに振り回されぬように生きていくことを、日々心がけることは誰にだってできるはずです。

大切なのは、執著という煩悩が誰にでもあり、それが人生を縛りつけて選択肢を狭めてしまうのだということを学ぶことです。

ブッダの教えである仏教とは、本来、拝んだり祈ったりするだけの「神頼み」の宗教ではありません。『ダンマパダ』と同じように、ブッダの言葉をまとめた『スッタニパータ』では、**「犀《さい》の角のようにただ独り歩め」**という一節が、繰り返し記されています（これも中村元さんの訳による『ブッダのことば』という表題で刊行されています）。

神にすがるのではなく、自分の力で歩んでいけとブッダは言うのです。仏教とはまさに、実践することに意味がある教えなのだろうとわたしは考えています。そして、仏教的な実践を行いながら、日々を穏やかに生きようとしている人は、きっと現代の街中にも存在しています。

たとえば、『ダンマパダ』では、「怒り」について次のように語っています。

怒りを捨てよ。慢心を除き去れ。いかなる束縛をも超越せよ。

怒らないことによって怒りにうち勝て。善いことによって悪いことにうち勝て。真実を語れ。怒るな。請《こ》われたならば、乏しいなかから与えよ。

いずれも怒りをただ鎮めるのではなく、怒りを自分の人格とは別のものとして切り離すように説いていることがわかります。ついカッとなってしまったとき、状況を冷静になって見つめ直し、怒りを遠ざけるように努める。「ここで声を荒らげても仕方のないことだ」「言い返せば言い合いになるだけで、何の解決にもならない」と自分に言い聞かせる。怒りの所在を客観視して、自分から切り離していくわけです。

言い換えれば、身のうちに怒りが湧き起こってしまったときこそ、仏教的な実践が意味をもつ瞬間なわけです。それは、また自分の心を鍛えるチャンスだとも言えるでしょう。事実、「怒ったところを見たことがない」という人が少なからず、わたしたちの周囲にもいます。当然ながら、社会で暮らしていれば、怒りたくなることも、イライラさせられることも、多いでしょう。にもかかわらず、他人の前ではそんなそぶりを一切、見せないという人は、意識的かどうかはともかくとして、自らを客観視し、ブッダの教えのように、怒りの感情を切り離して考えられる人なのかもしれません。

先述したように怒りの感情もまた、執着（執著）から生まれます。執着に引きずられることのないように、執着の所在を学び、「あ、これはいけない」と気づいて、自分を律することができるならば、ストレスのない人生を送ることができるのではないでしょうか。怒りなどの執着には振り回されず、より人生の選択肢を広げていきたいですね。

人生の悩みは、自分の執着が原因

また、ブッダの教えをまとめた『ウダーナヴァルガ』では、次のように語られています（『ウダーナヴァルガ』は、中村元さんの訳で『感興のことば』として、『ダンマパダ（真理のことば）』と併せて一冊の文庫本に収録されています）。

「わたしには子がある。わたしには財がある」と思って愚かな者は悩む。しかし、すでに自分が自分のものではない。ましてどうして子が自分のものであろうか。どうして財

が自分のものであろうか。

愛する子があり、さらに満足な財産を持って暮らすことは、とても素敵なことです。しかし、執着のあまりに、子の人生にまで口出ししたりして、その進路を自分の思いどおりにしようとするときに、不幸が生まれます。

親の理想とは違った人生を子が歩みはじめたとき、執着心にとらわれた親は、苦しみ、悩み、悲しみ、子そのものを憎んでしまったりするのです。

しかし、子どもとは、もともと親の所有物なんかではありません。一方的に親が、子どもの人生を左右できるはずなどないでしょう。そこに執着する心さえなければ、親は子どもの自立心を認め、「心配だけど、おまえの人生なんだから、好きに生きなさい」とそっと背中を応援することができるはずです。あるいは人生の先輩として、穏やかに助言をしながら、後押しをしてあげることもできるのではないでしょうか。

親は子どもを「所有」しているという思い込みの世界を、むりやりに作ろうとするから、苦しみが生まれるのです。それが執着（執著）という煩悩の本質だとブッダは説いたのでした。

執着という心の問題は、もちろん全世代の男女に当てはまることですが、年齢を重ねて「頭が固い」「融通がきかない」などと言われがちな60歳以降の世代には、特に注意しなければならないことだと言えるでしょう。

また、財産にしても、いくらたくさん蓄えたからと言って、死んだ後に「あの世」にそれを持っていけるわけではありません。同じく『ウダーナヴァルガ』では、次のように語られています。

男も女も幾百万人と数多くいるが、財産を貯えたあげくには、死の力に屈服する。

いくら財産を貯えても、最後には尽きてなくなってしまう。高い地位身分も終には落ちてしまう。結びついたものは終には離れてしまう。生命は終には死に至る。

超高齢化社会を迎え、人生後半の期間が延びた今日においては、老後の蓄えは確かに大切です。しかし、だからといってせっせと貯めた財をそのまま持ち続けても、誰しもが平等にやってくる死を免れることはできないのです。ブッダは次のように語ります。

「わたしはこれをなしとげた。これをしたならばこれをしなければならないであろう。」というふうに、あくせくしている人々を、老いと死とが粉砕する。

人生後半におけるお金の問題については、改めて第5章で少し考えてみたいと思います。やがてくる死の瞬間にも、今度は生が執着（執著）となって、その最後をより苦しく、悩ましいものにしてしまうでしょう。もちろん、出世したいとか、お金を稼ぎたいとか、さまざまな欲望が私たちの生きる活力になっていることは確かです。

しかし、60代の人間とって、そうした欲望を原動力にした競争の季節は、既に過ぎ去りつつあるのではないでしょうか。その次のステージにおいては、こうした執着（執著）から自由になりたいですね。

第3章

60歳からも人は変わり続けられる

名作の醍醐味を味わう人生後半の正解

まど・みちお
「ぞうさん」に学ぶ
人間の優しさ

「ぞうさん」の母子の対話

人生の成熟期を迎える世代であれば、「行間を深く読み取る感覚」は確かにもちたいもの。それには言葉と向かい合うことが大事です。

まど・みちおさんが残した代表的な詩の一つに、有名な童謡「ぞうさん」があります。

文体は短くてシンプル。日本人なら誰もが口にしたことがあるはずです。

しかし、そこに描かれている世界観を本当に理解して歌っている人は、実はあまりいません。おそらくほとんどの人は「ほほえましい歌だな」くらいの気持ちで、あまり深く考えずに歌ってきたのではないでしょうか。

しかし、言葉の一つひとつと対峙しながら読み解いていくと、実はとても奥の深い、示唆に富んだ「詩」であることがわかります。ぜひ、久しぶりに一度、口ずさんでみてはいかがでしょうか。

簡単に解説してみますと、まず、「ぞうさんって鼻が長いのね」と誰かが言ったことに対し、「そうよ母さんも長いのよ」と誰かが返答したという、二者による会話だとわかります。この会話する二者が誰なのかが気になるところですが、言われた方が「お母さんも長いんだよ」と答えているわけですから、象の子どもであると推測できます。

では、象の子どもに向かって「鼻が長いねえ」と言ったのは、いったい誰なのでしょうか。もしそれが象の仲間であれば、「ぞうさん、ぞうさん」と呼びかけることはないはずです。ましてや「鼻が長いんだね」とも言わないでしょう。自分だって長いわけですから。こうして考えていくと、他の生き物が象の子どもに近づいてきて、「おやおや、あなたって鼻がものすごく長いのね」と、やや茶化し気味に言っている光景が浮かんでくるのではないでしょうか。

これに対し、子象は「そうだよ、わたしのお母さんだって長いのよ」と素直に答えています。その答え方からは、「鼻が長いことは別に恥ずかしいことなんかじゃない」「だって、大好きなお母さんも同じように長いんだから」という、子象なりの健気《けなげ》な心情が窺えます。そもそも、からかわれているとさえ思わない無邪気さがあります。

文章の醍醐味を味わう人生後半の生き方

この分析について、皆さんはどうお感じになるでしょうか。

実はまどさんは、この歌詞の解釈について、「子供のゾウが悪口を言われた（時の）歌である」と述べています。友達のからかいに対してしょげたりせずに、「大好きなお母さんと同じお鼻なんだよ」と切り返している子象の健気でまっすぐな姿を描いたとのことです。

詩の意味を理解したうえで、あらためて歌を聴いたり、歌ってみたりしてください。子象に対する愛おしい気持ちが何倍にも膨らみ、楽曲の世界観も広がり、感動とともに深く心に染み込んでくることでしょう。これこそが詩の醍醐味《だいごみ》なのです。

かつて自分が子どもの頃に歌った童謡を、60代に入ってから改めて「読み」直してみる。あるいは、聴き直し、歌い直してみる。特にリタイアをした人にとっては、時間もたっぷりあるでしょうから、ゆっくり、じっくりと言葉を味わいながら、その意味を深く考えつつ、読んでみたり、聴いてみたり、歌ってみたりしてみる。そうした精読と鑑賞の時間が取れるようになるのも、60代以降のメリットとも言えるかもしれません。

きっとそこには、さまざまな発見があることでしょう。そのような読書や鑑賞の体験が、人生後半の生き方に大きな影響を与えてくれることもあるのです。かつて読んで気にかかっている本、今でも覚えている懐かしい一冊を、60歳を機に読み直してみるというのも、とても豊かな時間の使い方です。

暴走老人にはなりたくない「脱昭和」という正解

シェイクスピア『リア王』から学ぶ自己反省の方法

不機嫌に周囲に当たり散らすリア王

まど・みちおさんの優しい言葉に触れながら、老後は穏やかな時間を過ごしたい……としみじみ感じる一方で、反対に「こうはなりたくない老後」という意味で思い浮かぶのが、シェイクスピアの『リア王』です。

『リア王』は大変に有名なシェイクスピアの戯曲の一つですが、実際に戯曲の文章として読んだことがないという人も、多いかもしれません。

わたしは以前、『リア王症候群《シンドローム》にならない　脱！不機嫌オヤジ』という本を書いたことがあります。世の「オヤジ」たちが陥りやすい、プライドだけ高くてキレやすい「リア王症候群」をいかに回避するか、そのために役立つ処方箋のようなものを書かせていただきました。

実際、老いと不機嫌の問題をいち早く取り上げた『リア王』という作品は、60歳を迎える人たちにとって多くの示唆を含んでいます。『リア王』はさまざまな翻訳で文庫本になっていますから、これを機会にぜひ一度、手に取っていただければと思います。

物語は、老いた王様が国事から引退をするにあたり、三人の娘たちに領地を分け与えるという場面からはじまります。王は娘たちに自分への愛情を言葉にして語らせ、その愛情の深さに応じて多くの領地や遺産を分け与えようと考えます。

「おまえたちの誰がわたしを一番愛してくれるか、親を思う気持ちを言ってみろ」というわけです。

長女と次女は父王を喜ばせるような追従の言葉を語りますが、三女のコーディリアだけは**「何も」**と言うだけです。はっきりと言葉にすることをしません。

誠実なコーディリアは、長女と次女のように偽善的で薄っぺらな答えができません。自らの深い愛情の気持ちを、そんなに簡単に言葉にすることなどできないのです。だからこそ、**「何も（言うことはありません）」**とだけ、コーディリアは答えたのです。その場面を、安西徹雄さんが訳した光文社古典新訳文庫から引用します。

コーディリア　何も、ございません。

リア　何も、ない？

コーディリア　何も。

リア　何も、ないでは、何もやれぬぞ。もう一度、言うがよい。

コーディリア　悲しいことに、私、胸の思いを、強《し》いて口に上《のぼ》すことができません。
私、お父様を愛しております、子としての務めとして。それ以上でも、
それ以下でもなく。

リア　どうした、コーディリア。少しは言葉を改めるがよい。さもないと、財産をなくしてしまうぞ。

リア王の怒りはおさまりません。

「ならば、その真実とやらを持参金にするがよい」
「貴様に対する父としての心遣いも、血の繋がりも、そのことごとくを、ただいまここに断ち切ったぞ」
「今より後は、貴様、わが身にとって縁もゆかりもない赤の他人」

もう怒り心頭の「ブチギレまくり」の状態です。

コーディリアの父に対する思いは、本当に「何もない」のではなく、言葉では言い表せないほどの深い、真の愛が存在するのですが、老いて独断的な王はそれを理解できません。自分が誤解しているだけなのに、その誤解している現実を実際の現実だと思い込み、キレてしまうところに、「リア王症候群」のはじまりがあると言えるでしょう。

いずれにせよ、コーディリアの真意を汲み取れず、長女と次女の腹黒い言葉のほうを信じてしまいます。長女と次女に家督を譲った王様は、数十人の従者を連れて二人の娘の家を交互に訪ねますが、そこでひどく冷たい仕打ちを受け、娘に裏切られたことをようやく悟ります。しかし、それも後の祭り。自業自得です。

失意のどん底に突き落とされ、絶望しながら嵐の中をただ一人でさまようリア王。このとき、阿修羅の如く怒りに満ちたリア王の咆吼《ほうこう》が響き渡るのです。

吹け、嵐よ、貴様の頬を吹き破れ！　狂え、吹きすさべ！

（略）

そして、おお、天地を揺るがす迅雷よ、この分厚い地球の丸々とした腹を打ち砕き、自然の母胎そのものを叩き潰して、忘恩の人間どもを産み出す種という種を、今、ことごとく撒き散らしてしまえ！

戯曲としては最高潮に盛り上がるこの怒りのシーンですが、現実にこんな老人が身近にいて怒鳴り散らしていたら、目も当てられません。周囲の人たちはたまったものではないでしょう。

リア王は娘たちの人間性を見抜くことができず、結果として誰からも相手にされなくなり、王国は崩壊していきます。怒り狂い、怒鳴り散らし、叫びながら、孤独を抱え込んでリア王は人生を終えるのです。

結局のところ、悲劇を導いた最大のターニングポイントは、リア王が娘たちの言葉の本質を読み違えてしまったところにあります。つまり、誤解に基づく怒りが、人生の破滅をもたらしたのです。

脱「昭和」的な価値観へ

誤解に基づいて、あたかも恫喝し脅すかのように怒りを爆発させる。こんなリア王症候群の人は、皆さんの周囲にもいるのではないでしょうか。特になまじ人生経験が豊富で、若い人に比べて自分のほうがものごとをよくわかっていると思い込むきらいのある、60歳を過ぎた人にとって、このリア王のような振る舞いは、他人事《ひとごと》ではないでしょう。

また、逆に、「自分はそういう振る舞いを決してしない」「自分とは無縁だ」と思っている人ほど、実は危ないのではないかと思います。知らず知らずに、現実を誤解し、相手を叱りつける。それも本人はよかれと思っている場合が多い。

コーディリアの言葉に、「少しは言葉を改めるがよい」と叱るリア王の姿を思い出してください。まるで「お前の言葉が足りないのがいけないんだ」とか、「お前のために色々としてやったのに礼のひとつもないのか」と、何かにつけて誠意が足りないと言って怒り出す、クレーマーのようです。リア王は、自分の怒りを発散させた後には、「財産を失うぞ」と脅し、「お前との父娘の縁を切る」と恫喝します。自分の地位や立場を利用した、「キレる老人」の典型でしょう。

思えば昭和の時代には、怒りっぽい初老の男性は、「カミナリ親父」などと呼ばれた、ある種の「典型」的な存在でした。「親父はキレるもの」として、ある種の社会的に認知される存在でもあったと言えるでしょう。

たとえば、藤子不二雄さんの描いた『オバケのQ太郎』には、「神成さん」といういつも着物を着ているガンコなおじいさんが登場します。当時の読者は神成さんを見て「パワハラ」とか「モラハラ」と言って排除したりしませんでしたし、「こういうじいさんってどこにもいるよね」と語られる程度のものでした。つまり、ガミガミと若者を叱りつける年寄りは、それなりの社会的な役割として認められていたということなのだろうと思います。

しかし、平成、令和と時代は変わり、価値観も変わってきています。特に近年はニュースなどを見ていても、「キレる高齢者」や「暴走老人」といったワードをよく目にします。そこには、自分の社会的地位・年齢・性別・価値観などを笠に着て、相手に不快や苦痛を感じさせるパワーハラスメント、セクシャル・ハラスメント、モラル・ハラスメントなどが問題視されるようになってきた、社会的な背景があります。

現代は一人ひとりの違いを認め合い、共生していくことを目指す社会です。頭ごなしに人を叱りつけるような「キレる親父」は、時代錯誤でしかありません。

自分の好む現実しか見ず、娘たちの真意を知らずに、怒りに駆られたリア王。特に60歳を過ぎた人は、これまでの人生経験から自分を過信しやすいところもあると思います。『リア王』という作品を通じて、「リア王症候群」に陥っていないかどうか、改めて自分を省みることが大切です。

60代から始める人生の習慣の正解

フランクリン『自伝』が教えてくれる日々の習慣の大切さ

フランクリンが語る「良い習慣」の重要性

アメリカ合衆国の建国の父の一人とされ、100ドル紙幣の肖像画でも知られるベンジャミン・フランクリン。政治家であると同時に、外交官や科学者、実業家などとしても多大な実績を残しました。まさにアメリカという国家だけでなく、「アメリカ資本主義の父」とも呼べる存在です。

また、2024年度から切り替わる新1万円札に掲載されることが決まっている渋沢栄一は、生涯に約500もの企業の設立や運営に関わり、「日本資本主義の父」と呼ばれた人物で、フランクリンに比せられる、わが国の偉人の一人です。

フランクリンにしても渋沢栄一にしても、勤勉かつ探究心に溢れ、合理的にものごとを考えることができる人物でした。フランクリンは『聖書』を、渋沢栄一は『論語』を生きる指針とし、自分だけの成功に満足するばかりか、自国を早く一流国へと成長させなければならないという使命感に突き動かされながら、仕事に邁進したと言えるでしょう。彼らの生き方や言葉は、わたしたちの心を鼓舞してくれる力に溢れています。

両者の魅力や共通点については、以前、わたしは『渋沢栄一とフランクリン』という本を書いたことがあります。ここでは、ベンジャミン・フランクリンの『自伝』から、彼自身が生涯を通じて、いかに自分というものを律していたのかを見ていきます。

特に驚くべきは、フランクリンが独自に考案した「十三徳樹立」というものです。

それはフランクリンが25歳のときに生み出したものなのですが、「自分の役に立つ徳」

を、日々の生活の中で習慣化させて、後天的に身につけようというのです。フランクリンは次のように『自伝』で述べています（引用は、松本慎一さんと西川正身さんによる訳です）。

何かある過ちに陥らぬように用心していると、思いもよらず、他の過ちを犯すことがよくあったし、うっかりしていると習慣がつけこんで来るし、性癖のほうが強くて理性では抑えつけられないこともちょくちょくある始末だった。そこで私はとうとう次のような結論に達した。完全に道徳を守ることは、同時に自分の利益でもあるというような、単に理論上の信念だけでは過失を防ぐことはとうていできない。確実に、不変に、つねに正道を踏んで違《たが》わぬという自信を少しでもうるためには、まずそれに反する習慣を打破し、良い習慣を作ってこれをしっかり身につけねばならないというのである。

他を圧倒する頭脳と実践力を有していたフランクリンも、やはり人の子です。わたしたちと同じように、ときには過ちを犯し、ときには悪い習慣による惰性で一日を過ごしてしまうこともあったのでしょう。だからこそ、自分の生活に役立つ徳を身につけるために、日々の習慣の改良に努めたのでした。

フランクリンの「十三徳樹立」

さて、それではさっそく、フランクリンの「十三徳樹立」の全容を見ていきたいと思います。それは、次のようなものです。

第一　節制　飽《あ》くほど食うなかれ。酔うまで飲むなかれ。
第二　沈黙　自他に益なきことを語るなかれ。駄弁《だべん》を弄《ろう》するなかれ。
第三　規律　物はすべて所を定めて置くべし。仕事はすべて時を定めてなすべし。
第四　決断　なすべきことをなさんと決心すべし。決心したることは必ず実行すべし。
第五　節約　自他に益なきことに金銭を費《ついや》すなかれ。すなわち、浪費するなかれ。
第六　勤勉　時間を空費するなかれ。つねに何か益あることに従うべし。無用の行いはすべて断《た》つべし。

第七　誠実　詐《いつわ》りを用いて人を害するなかれ。心事は無邪気に公正に保《たも》つべし。口に出だすこともまた然《しか》るべし。

第八　正義　他人の利益を傷つけ、あるいは与うべきを与えずして人に損害を及ぼすべからず。

第九　中庸　極端を避くべし。たとえ不法を受け、憤《いきどお》りに値すと思うとも、激怒を慎《つつし》むべし。

第十　清潔　身体、衣服、住居に不潔を黙認すべからず。

第十一　平静　小事、日常茶飯事、または避けがたき出来事に平静を失うなかれ。

第十二　純潔　性交はもっぱら健康ないし子孫のためにのみ行い、これに耽《ふけ》りて頭脳を鈍《にぶ》らせ、身体を弱め、または自他の平安ないし信用を傷つけるがごときことあるべからず。

第十三　謙譲　イエスおよびソクラテスに見習うべし。

フランクリンは自分に足りないと感じられる徳を13個に厳選し、それら全てが自分の

「習慣」になるように努めました。とはいえ、この13の徳すべてをいきなり同時に実践するのは困難です。そこで彼は徳の習得に優先順位を作りながら、まず週に一つの徳を習慣化できるように、集中して実践するようにしました。

一度、しっかりと習得して習慣となれば、それは意識せずとも行えます。ですから、他の徳に注意を広げることもできる、というわけです。

一週間に一つの徳の実践に専念すると、13週で全コースを一周することになります。4週繰り返せば52週、ちょうど一年になるという計算です。

フランクリンの手帳と表

フランクリンは13個の徳を身につけるにあたって、手帳に表を書いて、チェックしていくことにしました。縦方向に「十三徳」の項目を書き、横方向には日曜から土曜までの曜日を書いていきます。毎日達成できなかった項目にチェックを入れていくわけです。どの項目が達成できなかったのかが一目瞭然にわかるようになっています。逆にチェックする部分が少なくなればなるほど、それがきちんと習慣化できたかはともかく、当面の課題は克服できたということになるでしょう。これを繰り返すことで、やがてこれらの徳は習得され、自分のものにすることができる、というわけです。

まさにこれは現代のビジネスパーソンの必需品であるスケジュール手帳や、タスクリストのようなものと言えます。いつでもどこでも持ち歩くことのできる手帳に、自分の進歩（もしくは後退）のプロセスと結果を、一目瞭然にわかる形で記録することで、やる気を喚起することができます。また、最終的には何もチェックしないでよい状態を目指していくのですから、日が経つにつれて表に書き込む負担は減っていくことになります。その意味でも、フランクリン式の取り組みは優れているように思えます。習慣化のためのベストノウハウと言えます。

こうしたトレーニングは、若い頃からスタートして繰り返し行うことで、時間をかけて習慣化するのが理想かもしれません。ということは、60歳になった人にとってはもう遅いのかというと、そんなことは決してないとわたしは思います。

むしろ、節目の年である60歳だからこそ、これからの人生の後半に備えて、自分を律することからはじめるのは、とてもよいことだと思います。

60歳からは残りの人生のゴールを考える

ここで紹介したフランクリンの「十三徳樹立」は、あくまでもフランクリンが自己反省する中で、自分には備わっていないと考えられる徳を13個に厳選したものです。ですから、13個の徳のすべてが皆さんにも当てはまるわけではないでしょう。13という数に引きずられずに、自分のことを見つめなおし、自分にはどんな徳が足りていないかを考えてみましょう。それが3つでも5つでもかまわないのです。日常を振り返り、自分に何が足りていないのかを考えてみるとよいでしょう。

フランクリンは、『貧しいリチャードの暦』という生活暦を長年にわたって発行しましたが、そこに収録されたさまざまな諺《ことわざ》や教訓を集め、賢い老人が演説しながら紹介するという物語にまとめ直しました。当初はある年の暦に収録されたのですが、この「富に至る道」という文章は、現在、岩波文庫版の『自伝』に付録として収録されています。

たとえば、そこには次のような教訓があります。

ものぐさは、錆《さび》と同じで、労働よりもかえって消耗を早める。一方、使っている鍵は、いつも光っている。

現役を引退したからといって、自由奔放に、自堕落に暮らしてもよいということではありません。常に使っている鍵は錆びずに光っているように、たとえ人生の後半に入ったからといえども、その歩みを止めては、充実した日々を送ることは難しいでしょう。60歳になってからも、常に自分を磨くことに努めたいものです。

フランクリンの十三徳と、その実践は日々、成長し続けるための重要なヒントを与えてくれるのではないでしょうか。

人生の過ちに向き合う60代の正解

菊池寛

『恩讐の彼方に』に学ぶ過ちの対処法

罪と償いという人類永遠のテーマ

正しく道徳的に生きたいと思いながら、そのとおりにならないのが人生というものです。ときに人を騙してしまったり、あるいは人に騙されてしまったりすることもあったでしょう。止むを得ず、誰かを裏切ってしまったり、逆に誰かから裏切られたりしたこともあったかもしれません。誰しもが、心の中にいくばくかの後悔と懺悔の念を抱えて、日常を送っているのではないかと思います。

過去に犯罪を犯したとまではいかなくとも、少なからず倫理に反する行為を働いたことで、何年も経つのに未だに心の中にわだかまりがある。このわだかまりはいったい、この先どうしたら消えるのだろうかと、悩んでいる人も一定数、いらっしゃるのではないでしょうか。

60歳という節目に際して、これまで自分が生きてきた長い人生を振り返ることも多いでしょう。そうしたときに、ふと過去の過ちへの後悔がよみがえってくることもあるかもしれません。

人は罪や過ちを犯してしまったとき、どうすれば赦《ゆる》してもらえるのか。逆に、自分がそうした過ちの被害にあったときに、どうすればそれを赦すことができるのか。

「罪」と「赦し」の関係は、人類永遠の問いであろうと思います。倫理観や価値観は時代によっても大きく変わりますし、同じ時代でも利害関係や立場によって、考え方は大きく異なるでしょう。

毎日のニュースを見ても、さまざまな事件が日々起きていますが、犯罪に対する刑罰について、「判決が軽すぎる」という声もあれば、逆に「重すぎる」という真逆の声もあります。死刑の是非についても、日本ではさまざまな意見と議論があります。

犯した罪にどの程度の償いが見合うのかというのは、おそらく絶対的な答えなどないのかもしれません。それは、大変に難しい命題なのです。だからこそ、文学の世界においても、「罪とその償い」という課題は、普遍的なテーマとなるのです。

読書を通じて過去の過ちに向き合う

1919（大正8）年に『中央公論』に発表された、菊池寛の小説『恩讐の彼方に』は、まさにこの「罪とその償い」をテーマとした、彼の出世作にして代表作です。

主人公の市九郎は、江戸は浅草田原町の旗本・中川三郎兵衛に仕えていましたが、その妾のお弓と男女の仲になったことを咎《とが》められて、激昂した主人に斬りかけられます。市九郎は、逆に返り討ちにして主人を殺してしまうと、その足でお弓を連れて江戸を出たのでした。

逃亡中の生活は荒《すさ》んだものでした。美人局《つつもたせ》にかけては人を騙して強請《ゆす》りを行い、旅人を捕まえては殺害し金品を奪うなど、非道の限りを尽くします。しかし、あることをきっかけにして、自らの罪に恐れを抱くようになった市九郎は、お弓と袂を分かち、出家して了海《りょうかい》と名を改めます。

市九郎こと了海は全国行脚して、修行を続けました。その旅の最中、「鎖渡《くさりわた》し」と呼ばれて人々から恐れられる山の難所に差し掛かります。そこで馬士（馬を引いて荷を運ぶ人）が真っ逆さまに落ちて絶命する悲しい事故に遭遇するのです。一年に3〜4人、多ければ10人がこのような事故に遭うという難所は、大きな絶壁で知られ、これを渡るにはまさに決死の覚悟が必要です。それを見たとき、了海の心には大きな決心の念が湧き起こりました。

了海は、自らが犯した罪に対する贖罪《しょくざい》として、「この難所を自らの手でとり除こう」と誓願《せいがん》を立てたのです。

積むべき贖罪《しょくざい》の余りに小さかった彼は、自分が精進勇猛《しょうじんゆうもう》の気を試すべき難業に逢《あ》うことを祈っていた。今目前に行人が艱難《かんなん》し、一年に十に近い人の命を奪う難所を見た時、

彼は、自分の身命を捨ててこの難所を除こうという思付《おもいつき》が旺然《おうぜん》として起ったのも無理ではなかった。二百余間に余る絶壁を刳貫《ほりつらぬ》いて道を通じようと云う、不敵な誓願が、彼の心に浮かんできたのである。

市九郎は、自分が求め歩いたものが、漸《ようや》くここで見附かったと思った。一年に十人を救えば、十年には百人、百年、千年と経《た》つ内には、千万の人の命を救うことが出来ると思ったのである。

巌を掘るための槌《つち》と鑿《のみ》を手に入れ、大絶壁にただ一人で立ち向かう了海。掘りはじめて19年が経過します。

かつて了海こと市九郎が殺してしまった主人の息子である実之助が、父の敵《かたき》を討つべく旅を続け、遂に彼を発見します。ところが、実之助が見たのは、槌と鑿を手に黙々と岩盤を掘り続ける、老醜を晒《さら》した僧の姿だったのです。実之助の心情は次のように語られます。

実之助は、この半死の老僧に接していると、親の敵《かたき》に対して懐《いだ》いていた憎しみが、何時の間にか、消え失せているのを覚えた。敵は、父を殺した罪の懺悔に、身心《しんしん》を粉《こ》に砕いて、半生を苦しみ抜いている。しかも、自分が一度、名乗りかけると、唯々《いい》として、命を捨てようとしているのである。かかる半死の老僧の命を取ることが、何の復讐であるか、と実之助は考えたのである。

峠を掘り抜くという大願成就の日まで敵討ちは待つと約束した実之助は、自らも石工らに混ざって槌を振いはじめます。ともに作業を続ける中で、実之助は了海こと市九郎に菩薩の姿すら見るようになります。

深夜、人去り、草木眠っている中に、ただ暗中に端坐《たんざ》して鉄槌を振っている了海の姿が、墨の如き闇《やみ》にあって尚《なお》、実之助の心眼に、歴々《ありあり》として映って来た。それは、もはや人間の心ではなかった。喜怒哀楽の情の上にあって、ただ鉄槌を振っている勇猛精進の菩薩心であった。

了海が峠を掘り抜くという大事業をはじめてから、21年目。ようやくその大誓願が実現し、了海は実之助に自らを討つように言います。

「いざ、実之助殿、約束の日じゃ。お斬《き》りなされい。かかる法悦の真中に往生《おうじょう》致すなれば、極楽浄土に生るること、必定《ひつじょう》疑いなしじゃ。いざお斬りなされい。明日ともなれば、石工共が、妨げ致そう、いざお斬りなされい」と、彼のしわがれた声が洞窟の夜の空気に響いた。が、実之助は、了海の前に手を拱《こま》ねいて坐《すわ》ったまま、涙に咽《むせ》んでいるばかりであった。

既に実之助の心からは敵討ちという執着は、取り除かれていたのです。疲労困憊になって、泥にまみれた老僧の手を取り、抱き合いながら感激の涙を流すのでした。

罪を犯した者がどのようにしてその罪を償うのか、その罪はいかにすれば赦されるのか。菊池寛が描く物語には、重要なヒントが散りばめられているように思います。

もし、あなたの心のうちに、罪というには大袈裟ですが、何かしらの後悔があるならば、60歳という節目は、それを償うよい機会になるのかもしれません。

菊池寛の「罪とその償い」の物語を読みながら、これまでの長い自分の人生を振り返り、自らの過ちを「赦す」ための参考にしていただけたらと思います。

年を取っても成長し続ける60代の正解

ニーチェ『ツァラトゥストゥラ』に学ぶ生きる勇気

人生後半にニーチェを読む

講演会などで60代から70代くらいの方に「ニーチェを読んだことがありますか」と聞いてみると、かなりの割合で「ない、ない！」「そんな難しい本！」という反応が返ってきます。

しかし、わたしは死ぬまでに読むべき本を何冊か教えてくれと人に頼まれたら、真っ先にニーチェの『ツァラトゥストラ』(本書で取り上げる氷上英廣さんの訳では『ツァラトゥストラはこう言った』ですが、ここでは『ツァラトゥストラ』に統一します)を挙げるでしょう。

難しいと言われますが、わたしは今も大学で毎年、学生と『ツァラトゥストラ』を音読する授業をしています。習慣のようにニーチェを朗読していると、骨太な言葉が心に刻み込まれる感覚になりますし、何より勇気が出てきます。学生たちは意外と、ニーチェじみた文章を書けるようになってきますし、そこに苦手意識をもつ人などはほぼいません。まだ若い10代、20代の学生たちでもすぐに慣れてしまえるのですから、60代の人が「難しい」なんて言っていないで、まずは読んでみてほしいと思います。

ニーチェの言葉は、常に人間の本質を的確に捉え、しかもその言葉の力強さから、読む人はきっと生きるパワーをもらえるでしょう。

わたしも60歳を過ぎましたが、今も書斎では常に手元に置いて、何かあるとペラペラとめくってニーチェの言葉に何度も向き合い、そのたびに大きな勇気と活力を与えてもらっています。感性のみずみずしい10代や20代が、言葉や音楽を通じて、勇気や元気をもらうのは、ある意味では当然でしょう。しかし、私は年を重ねた60歳だからこそニーチェを手に取るべきだと思うのです。

「神は死んだ」衝撃の哲学

本の構成は寓話形式になっています。山にこもって修行をした主人公のツァラトゥストラが、町へと降り旅をしながら、自身の思想を説いていきます。

最初に出会ったのは、神にすがって生きている聖者です。そこでツァラトゥストラは、衝撃の言葉を口にします（氷上英廣さんの訳から引用します）。

この老いた聖者は、森のなかにいて、まだ何も聞いていないのだ。神が死んだということを。

キリスト教世界において神は唯一無二の絶対的な存在です。その神が「死んだ」というのは、キリスト教は信ずるに値しない教えであると根底から否定することを意味しています。ニーチェは、キリスト教を弱者の道徳として批判的に論じ、「弱者のルサンチマン」にすぎないとして、「神は死んだ」と宣言しました。

キリスト教では「善い」とするものは神の世界にあり、人間の世界にはありません。隣人愛こそが善であり、自己愛はあたかも悪であるという構図は、人間がまるでちっぽけな存在で無価値であるという考えに至らせます。ニーチェはこれをニヒリズムと呼びました。

ニーチェは、地上に生きている生身の人間こそが素晴らしい存在だと考えました。ニーチェは、同書の第一部の「隣人への愛」、また第三部の「通過」の項目でそれぞれ次のように語っています。

わたしはあなたがたに、隣人への愛を勧めるだろうか？　むしろ、わたしは隣人から逃げること、遠人への愛を、勧める！

もはや愛することができないときは、――しずかに通りすぎることだ！

キリスト教が唱える「隣人愛」の強制は個の芽を潰すとニーチェは考えたのでしょう。隣人を愛するにはまず自分が幸せでなければなりません。他人の世話ばかりに時間を割き、自らはぼろぼろの生活をしている人が、誰かを幸せにすることはできません。同じく人にものを教えるにはまず自分が情熱をかけて学ぶ必要がありますし、当然ながらそこには自己愛も伴うでしょう。

隣人同士で仲良くしよう、横並びで幸せになろうというだけでは、自分を伸ばすことはできないはずです。激烈なエネルギーを苛烈な言葉で届けるニーチェにとって、キリスト教が説く隣人愛は、自己欺瞞にしか見えず、首肯できるものではなかったのです。

人生後半の「私」を鼓舞する

ニーチェは、町の広場にやってきて民衆に向かって語るツァラトゥストラの口を借りて、「超人」という独特の言葉を用いながら、キリスト教が説く「人間」的な生き方こそ、乗り超えなければならないのだと述べています。

わたしはあなたがたに超人を教えよう。人間は克服されなければならない或物《あるもの》なのだ。あなたがたは人間を克服するために、何をしたというのか？

これまでの存在はすべて、自分自身を乗り超える何物かを創造してきた。あなたがたはこの大きな上げ潮にさからう引き潮になろうとするのか、人間を克服するよりもむしろ動物にひきかえそうとするのか。

ニーチェの有名な「超人」の思想が『ツァラトゥストゥラ』では語られていきます。キリスト教世界を生きていない日本人にとっても、この「人間」を超えた存在である「超人」は、勇気を与えてくれる概念です。

何も「超人」とは、何もスーパーマンのような万能な人間ということでありません。ここでは、常に今の自分を乗り超えようという意識だと考えてみてください。未来に向かってグングンと飛び続けている人のようなイメージです。

さらにニーチェは次のように記してもいます。

わたしの理性は何だろう！　それは獅子が獲物を求めるように、知識をはげしく求めているだろうか？　わたしの理性は貧弱であり、不潔であり、みじめな安逸であるにすぎない！

人生の後半という新しいステージに向かおうとしている60代にとって、これまでの自分とは違う何かになろうとしているときに、**「あなたがたは人間を克服するために、何をしたというのか？」**という問いかけや、**「獅子が獲物を求めるように、知識をはげしく求めているだろうか？」**は非常に胸に迫るものがあります。

絶対にこれだけはモノにしたいというような、獅子のごとく強い意識を持って学ぶ姿勢を維持することは非常に大切なことです。そのように身につけた過剰な知識が、やがて多くの人たちと分かち合うことができるのではないでしょうか。その中にこそ、真の幸福があるのかもしれません。

60歳を迎えたわたしたちが今までの自分を克服して新しいステージへと入るために

は、自分が獅子のごとく学ぶことを熱望できるような「何か」を、まずははじめてみることが大事なのだと思います。

それは何も、月謝を払って何かの教室に通うことだけを意味するわけではありません。日々のウォーキングの距離を伸ばしてみるとか、図書館で本を借りて読むとか、そういう小さなことからはじめてみてもいいでしょう。大事なのは今のポジションに安住して成長を止めないということです。

ニーチェはツァラトゥストラの口を通して、次のように語ります。

あなたは、友のためには、どんなわが身を美しく飾っても飾りすぎることはない。なぜなら、友にとって、あなたは超人への矢であり、あこがれであるべきだから。

なんて「ロック」な言葉でしょう。わたしはこの言葉が好きで、実は講演会などでサインをするときに、「憧れの矢となれ」と添え書きをすることもあるくらいです。それくらい心に刺さる言葉です。

　60歳という世代になると、若い頃には何となく避けたり、逃げたりしていたことにも、正面から向き合い、受け止めなければならない局面が出てくることでしょう。仕事、家庭、健康、お金、生活といったさまざまな場面で、決断を迫られることもしばしばです。そのときに助けてくれるのがニーチェの言葉だと思います。わたしも何度も彼の力強いメッセージに背中を押してもらいました。

「哲学は難しい」などと言って逃げている時間はありません。人生の後半に差し掛かろうとする60代には、若い頃に比べて、そんなに長い時間は残されていないのですから。60代、70代こそ手に取るべき本は、ニーチェなのです。

人生後半の「資本」は「社交」にあるという正解

福沢諭吉『学問のすすめ』に学ぶ「社交力」の大切さ

肩書きが物を言う現役時代

勤め人の時代は、与えられた仕事をできるだけ頑張り、実績を重ね、それを生かして次のステージへ、また次のステージへとスキルアップを図ってきたのだと思います。

ちょうど、貯蓄のある人が利息を増やし、その増えたお金をまた次の投資に使うというのに似ているかもしれません。それまでに積み重ねた、お金ではない人生の財産をどうやって活かすかということです。

いい会社に長く勤続していれば社会的な信用も担保できますし、ご近所からも「あちらのお宅の旦那さんは立派ね」と言ってもらえます。

同窓会に行っても多少はいい顔をすることができるでしょう。それが60歳くらいまで日本のお父さんたちの典型的な生き方でした。

このような社会的な組織に属していることで得られる社会的な力や、その人の文化的な背景によって得られる力のことを、「社会資本」もしくは「社会関係資本」、そして「文化資本」と呼びます。

この「社会資本」あるいは「社会関係資本」は、アメリカの政治学者・社会学者であるロバート・D・パットナムがしばしば用いた概念です。パットナムはアメリカのコミュニティを研究する中で、人々のつながりが希薄化し旧来のコミュニティが崩壊しつつあることを、社会関係資本の衰退として描きました。その主著『孤独なボウリング』の中で、「誰かの葬式に行かないなら、自分の葬式には誰にも来てくれないだろう」という印象的な言葉を引用しながら、端的に「社会関係資本」について語っています。人間関係はまさにその人が生きるうえでの財産であり、資本なのです。

また、「社会資本」とともに「文化資本」という概念を用いて、現代社会を分析したのが、フランスの社会学者ピエール・ブルデューでした。「社会資本」や「社会関係資本」と同様に、お金などの単純な資産とは異なる文化的な資産・力のことを言います。日本よりも階級が表立って明確なヨーロッパ、特にフランスでは、階級と文化は密接な関係にあると考えられました。ブルデュー自身「趣味は階級を刻印する」と言っています。

たとえば、「ご趣味は何ですか?」と人から聞かれた際に、「乗馬」と答えることはいったい何を意味しているでしょうか。上流階級の者どうしではあれば、それは本当の趣味を答えたことになるでしょう。これがフランスの中流階級の者の場合、まず乗馬が趣味という人は考えづらいものです。つまり、中流階級の者が「趣味は乗馬です」と答えることは、階層と趣味のズレを逆手にとって、上流階級をからかったりするようなユーモアに転じるわけです。

このように何気なく「趣味」を問うことは、その背景にある、その人が属している文化的かつ社会的な階層、すなわち「階級」について問うことにもなります。

また、階級が刻まれた趣味＝文化は、次世代において再生産されることになります。乗馬が趣味の上流階級に生まれた人は、同じような趣味の人、つまり上流階級の人と結婚し、子どもを作り、その子も同じような趣味と教養をもつように育つというわけです。このような文化の階層的な力を、「文化資本」と呼ぶのです。

なお、日本社会の場合、階級が明確ではないことと、文化自体もそこまで階層化されていないことから、必ずしも階級と文化（趣味）がわかりやすいかたちで一致するものではないと考えられています。

要は社会的な関係や文化的な関係が、その人の生活を支える力＝資本になるということです。

たとえば、社内で同じ大学を出た人が別の部署に散らばって配属されているとすれば、その学閥を利用して「あいつなら大学の後輩だから俺から言っておくよ」と話を通すことができます。

あるいは、一流と呼ばれる商社や代理店などに勤務して、自分の名刺を出すだけで話を通しやすいというのも、その人の社会的な属性が関係を生み出す、社会資本の典型と言えるでしょう。話をつなぐ、人をつなぐ、これが社会資本や文化資本の形なのです。

退職後に明らかになる本当の自分

一方、60代前後の日本人男性の場合であれば、そうした社会資本の類《たぐ》いというのは、たいていは会社員などの勤め人の頃を通じて、積み上げたものが大きいのではないかと思います。

ということは、定年を迎えて会社を辞めたとき、あるいは出世がうまくいかずに左遷されて地方に飛ばされたり、子会社へ異動になったりしたとき、それまでの社会資本を失う可能性が高いのです。

それまで友達だと思っていた同僚やかわいがっていた部下が、あるいは自分を下にも置かない扱いをしてくれていた取引先の業者さんが、退社というその日を境に態度がガラリと変わってしまうなんてことが往々にしてあるでしょう。

そこで初めて「あ、仕事上だけのつき合いだったんだ……」と気づくことになるのです。これは、よく聞く話なのではないかと思います。

会社を辞め、しばらくしてからかつての職場にフラっと顔を出してみて、「あれ、久しぶりですね」と明るく言ってもらえたとしても、それを2回、3回と繰り返したら「おいおい、何しに来たんだ」と不気味がられるに違いありません。高校や大学の運動部に一人か二人はいた、うっとうしい部活のOBのようなもので、相手からしたら「もう来ないでよ」という気持ちでしょう。それはそのとおりなのだと思います。

要は、年齢とともに、社会的なステージが変わったのならば、それまでの居場所からきちんと離れられるかどうかが大事なのです。次のステージ、すなわち新たな社交の場を見つけられるかどうか、そこへ一歩を踏み出すことができるかどうかが鍵と言えるでしょう。

辞めたからといってそれまでの関係が完全にゼロになるというわけではないとしても、いったんは過去に属したコミュニティから離れて距離を置き、立ち位置をリセットして、一方で自分は新しい社会資本を作るんだという切り替えが必要です。

そして、それが60歳からの新たな挑戦ということになるでしょう。

人生後半は「新友」との「社交」を大切に

福沢諭吉の『学問のすすめ』は明治の初めに書かれたベストセラー書籍ですが、令和の今も十分に通用する言葉に溢れています。

むしろこれからの時代のすべての日本人が常識として、あるいは60歳を迎えた人が備えるべき常識や取るべき行動の指針が、そこには記されています。

たとえば、福沢は「社交力」というものをとても大事にしていて、新しい人生のステージで新しい友人を作っていくことの大切さを説いています。『学問のすすめ』の最後を締めるにあたって、福沢諭吉は次のように述べています。

人類多しと雖《いえ》ども、鬼にも非《あら》ず蛇《じゃ》にも非ず、殊更《ことさら》に我を害せんとする悪敵はなきものなり。恐れ憚《はばか》るところなく、心事《しんじ》を丸出《まるだし》にして颯々《さっさ》と応接すべし。故《ゆえ》に交わりを広くするの要はこの心事を成《な》る丈《た》け沢山にして、多芸多能一色に偏せず、さまざまの方向に由《よ》って人に接するに在《あ》り。

（中略）

世界の土地は広く人間の交際は繁多にして、三、五尾の鮒《ふな》が井中《せいちゅう》に日月《じつげつ》を消《しょう》するとは少しく趣きを異にするものなり。人にして人を毛嫌いするなかれ。

生きていればいろいろなことがあります。人に騙《だま》されたり、裏切られたり、陰口を叩かれたりすることもあるでしょう。

ただ、そうは言っても人は鬼でも蛇でもありません。福沢は学びの尊さや大切さをさまざまな言葉で伝えながら、最後は「人間嫌いになりなさんなよ」と言っているのです。

人はどこで誰の世話になるかわかりません。いったい誰の助けを借りるようになるかもわかりませんし、あるいは自分の知らないところで、誰かに支えられているということは往々にしてあるのです。ですから、なるべくなら新しい友達を作ったほうがいい。

それを福沢は「新友」という言葉で表しています。10人と出会って偶然の友が一人できるなら、20人に出会えば二人になる、だから交友の範囲は広くするに限ると述べています。**「人に交わらんとするにはただに旧友を忘れざるのみならず、兼ねてまた新友を**

求めざるべからず」は金言です。

つまりは、そうやって、新しい社会資本を作ろうと思って生きるということです。社交力とは、何も他人にべたべたと依存して生きるということではありません。

特に60歳になって小中学のようなノリで「友達をいっぱい作ろう!」と考える人はあまりいないでしょう。

一人で考え、一人で行動する「孤独力」も当然に必要で、年を取ってからというもの、知り合いの中には亡くなっていく人も増えてきます。否が応でも「孤独」を生きる力も大切になるのです。

孤独でいることと多くの友人に囲まれて生きること。これはどちらを選ぶのかという話ではありません。両方をバランスよく併せもつことが、人生後半の生き方としては、盤石《ばんじゃく》だということです。

実際、福沢は社交力の大切さを説きながらも、『福翁自伝』では**「本当に朋友《ほうゆう》になって共々に心事を語るいわゆる莫逆《ばくげき》の友というような人は一人もない、世間にないのみならず親類中にもない」**と述べています。すなわち、「自分には腹を割って話せるような親友は一人もいない」というのです。

福沢自身は、実にからっとした青空のような性格で、人づきあいもよく、決して気むずかしい偏屈者ではありません。本人も「親友がいない」旨の記述の後に**「と言って私が偏窟者で人と交際《ツキヤイ》が出来ないというではない」**と続けています。

仲良くなった相手でも、相手の気が変わってこちらに関心がなくなれば、その交際はやめることになる、それで孤立しても苦しくもなく、後悔することもない、自分の考えを曲げてまで気に入らない交際は求めないというようなことも言っているのです。

要するに、大親友というものでなくていいので、適度な距離感を保つことができる「新友」を積極的に作っていこう、ということなのです。

かつてのような距離の近い、濃厚な人間関係が紡がれた村社会のような、特定の共同体の中だけの暮らしではなく、ネットを介して世界中でつながり合うことができる世の中となった今日でこそ、福沢諭吉の唱える「社交術」は、より意味をもつのではないかとわたしは思います。

特に昨今は、ネット上での誹謗中傷《ひぼうちゅうしょう》の応酬があたりまえのようになってしまい、S

NS疲れで「もう人間なんか嫌いだ!」と感じている人が増えています。つまり、適切な人と人との距離感が、うまく保ちにくいのです。

相手から傷つけられたり、逆に相手を傷つけたりしないように、一定の距離感を保ちながら、上手につき合っていける友人関係。

SNS時代の今だからこそ、**「人にして人を毛嫌いするなかれ」**という福沢諭吉の言葉が、心に響いてくるのではないでしょうか。

第4章

人生を生き切る「情熱」の使い方

情熱をもって人生を生き切る「遊び方」の正解

芥川龍之介「老年」に学ぶ情熱の傾け方

人生の晩年を描く芥川龍之介のデビュー作

芥川は東京帝国大学在学中に、クラスメートの菊池寛らと同人誌『新思潮』を立ち上げますが、そこに「老年」という小説を発表しています。

芥川が22歳のときに書いた最初の作品にあたるものですが、その若さで初めての小説に「老い」というテーマを選んでしまうところが芥川の非凡なところです。

物語は、浅草寺にほど近い台東区橋場《はしば》の玉川軒《ぎょくせんけん》という茶式料理屋が舞台となっています。主人公は、その玉川軒のご隠居である房さんというおじいさんです。年齢は「一昨年、本卦返《ほんけがえ》りをした老人」とあるとおり、「本卦返り」とは還暦を迎えることですから、62歳ということになります。

まさに本書のテーマの「60歳」という年齢にぴったり、と言いたいところですが、現代の感覚では、62歳は隠居した老人どころか、まだまだ「現役のおじさん」ですから、令和の価値観でそのまま読むと違和感を覚えるかもしれません。

『老年』は1914（大正3）年の作品ですが、当時の60代といえば旧百円札の板垣退助のような立派な髭《ひげ》をたくわえたり、誰もが泰然自若《たいぜんじじゃく》な空気を醸し出したりしていたという記憶があります。

わたしの祖父も60代で亡くなっていますが、生前の写真を見ると厳格な明治のおじいちゃんといった風格です。今やその年齢にわたしは近づいているわけなのですが、とてもではないですがあの貫禄に追いつける気がしません。今さらながら明治や大正時代の人たちは、早熟だったと感じずにはおられません。

放蕩と遊芸の人生

さて、その房さんですが、15歳で茶屋酒の味を覚え、25歳のときには女と心中未遂をし、親が玄米《くろごめ》問屋で儲けて譲ってくれた財産も使い切ってしまい、いろいろありながらも今は茶屋の隠居に収まっているという人物。放蕩《ほうとう》と遊芸《ゆうげい》に人生の大半を費やしたじいさんというわけです。かように遊び人として名を馳せたこともある房さんですが、今やすっかり年老いて脂っ気が抜けてしまい、同席の人々から昔の色恋沙汰を旦那からリクエストされてもこんな調子。

「いや、もう、当節はから意気地がなくなりまして。」と、禿頭をなでながら、小さな体を一層小さくするばかりである。

そんなしおらしいじいさんになってしまった房さんに、旦那衆は「ああも変わるものかね」などと呆れ気味に噂《うわさ》するのみです。

やがて席をはずした房さんがいる部屋から、障子を通してひそひそ声が聞こえてきます。部屋の前の廊下を通りかかった旦那衆が耳をそばだてると、どうやら房さんが女をなだめているらしい声が聞こえてくるのでした。

何をすねてるんだってことよ。そう泣いてばかりいちゃあ、仕様ねえわさ。なに、お前さんは紀の国屋の奴さんとわけがある……冗談云《い》っちゃいけねえ。奴のようなばばあをどうするものかな。さましておいて、たんとおあがんなはいだと。さあそうきくから悪いわな。自体、お前と云うものがあるのに、外へ女をこしらえてすむ訳のものじゃあねえ。そもそもの馴初《なれそ》めがさ。歌沢《うたざわ》の浚《おさら》いで己《おれ》が「わがもの」を語った。あの時お前が

……

なるほど、年は取ってもさすがは元祖遊び人、隅にはおけないものだと障子の隙間から覗《のぞ》いてみると、そこに女の姿はありません。見えるのは、老いて小さく丸まった哀愁漂う房さんの背中と、格子模様のこたつ布団、その上で丸まっている白いネコ……。房さんはその猫に禿頭を触れんばかりに近づけながら、なまめいた言葉を一人で繰り返しているだけだったのです。

いわゆる認知症のようになってしまった房さんが、かつて女性にモテたときの記憶を心の中で反芻《はんすう》しながら、一人ぼそぼそとつぶやいているその姿。そぞろ憐れを催すという読者もきっと多いことでしょう。

人生に情熱を注ぎ続ける

一方で、それでもいいではないか、そんな人生の終わり際だってあっていいのでは、という考え方もあるとわたしは思うのです。

先代からの身上《しんしょう》をすってしまったというのは、素晴らしく模範的な生き方とは言えないかもしれませんが、それで誰かに借金をしたとか、何かの形で迷惑をかけたというわけでもありません。

言ってしまえば、親から相続した自分のお金を自分で使っただけのことで、迷惑どころか、そのお金がいろいろなお店や人に流れて幸せも生んでいます。

それだけのお金を投資してとことん遊びつくし、歌沢《うたざわ》を謡《うた》って三味線を奏で、芝居を観まくり、鶯《うぐいす》を飼ったりしていたというのですから、もうこれは江戸時代から連なる古典的な教養を身につけた文化人であると言えます。

房さんを「イタいじいさん」と決めつけるのは簡単ですが、はたしてそう責め立てる自分たちが、それだけの文化・芸術を身につける試みをしたことがあったか否か、省《かえり》みることも大事でしょう。

そう考えてみると、やり残したことは何もなく、すべてを実践してきた房さんの生きざま、人物像、そしてその老後の姿が、また違った形に見えてくるのではないでしょうか。

ジャンルにかかわらず、何事もやり切るためには、ものごとに対する圧倒的な情熱と継続が必要です。それは傍《はた》から見たらスタイリッシュでもなく、格好よくもないことであるかもしれませんが、ある種の説得力をもって人の心を打つものです。

60歳という節目を迎えたときに、その意味で自身が情熱をもってやってきたかを振り返ってみるのはとても大切なことですね。

「人生の理想」を追い続けるという正解

サマセット・モーム『月と六ペンス』に学ぶ理想を追う心

理想に情熱を燃やす生き方

理屈をこねている暇があるなら、とにかくはじめてみるということ。それは、一歩を踏み出す勇気です。60歳になったら迷っている暇はありません。

60歳になった自分が経済的に恵まれ、老後の蓄えも十分で、後はゆっくり余生として生きようというのも、確かに生き方としてはよいのかもしれません。しかし、第1章で述べたように、今の時代、老後の余生と呼ぶには、なかなかに長い期間なのです。また、年齢を重ねるにつれ、そろそろ人生の冒険が難しくなってきたと思うかもしれません。

しかし、後は余生しかないならば、本当にやりたいと思っていることをやってみる、最後のチャンスが今なのではないでしょうか。

もちろん、現実の社会で誰もが破天荒な生き方を選べるわけではありません。ですが、その気概を忘れずに心の中に閉まっておくだけでも、日々の生活に張りが出てくるのではないでしょうか。そのぶん、意味のあることだと私は思います。

イギリスの小説家サマセット・モームの作品『月と六ペンス』は、フランスの画家ゴーギャンをモデルに書いたとされています。本作は、いくつになっても情熱を忘れない大切さを教えてくれる名作です。100年以上も前に書かれた小説が、現代のわたしたちに多くのことを伝え、教えてくれるところが、読書という体験の素晴らしさですね。

本作では、イギリスで家族と安定した暮らしを送っていた主人公チャールズ・ストリックランドは、40歳を過ぎて忽然《こつぜん》と姿を消し、フランス領タヒチへ渡り、画家としての人生を送ります。芸術に人生を賭したストリックランドの生き方を、彼の友人である作家の「私」の視点で描かれます（引用は、土屋政雄さんの訳に基づきます）。

結婚して17年もの歳月が過ぎ、二人の子どもにも恵まれ、幸せな家庭を今後も続けられると思っていたストリックランド夫人のエイミーの嘆きは、それは大きなものでした。夫人の姉の夫で、夫婦の義理の兄にあたるマカンドルー大佐も「結婚したのがそもそもの間違いだ」と怒り心頭です。エイミーや大佐の話では、ストリックランドは女性と一緒にパリへと駆け落ちをしたのではないか、ということでした。「私」はエイミーの懇願を受けて、パリに向かい、ストリックランド本人と会うことになります。

女性と駆け落ちしたと聞いていた「私」は、「あなたが女と駆け落ちしたことはつかんでいます」と、ストリックランドを問い詰めます。ところが、ストリックランドの答えは意外なものでした。

「では、いったいなぜ奥様を捨てたんです」

「絵を描《か》きたくてな」

私はただ驚き、呆然とした。ストリックランドの顔をずいぶん長い間じっと見つめていたと思う。何を言われたかよく理解できず、相手の頭のほどを疑った。私はまだ若く、その私から見たストリックランドはもう立派な中年男だ。

「あなたはもう……四十歳だ」

「だからさ、やるならいましかなかろうが」

（略）

「君はいくつだ。二十三か」

見当違いの質問だ、と思った。私はまだ若い。一か八か、何かやってみる権利はある。だが、ストリックランドはとうの昔に青春を終え、いまや証券業界でそれなりの地位にあって、妻子もいる。私にとっては自然なことも、彼がやろうとするのは愚かしい。だが、私は決めつけるような物言いは避けた。

「もちろん、あなたが名高い画家になる可能性もないとは言えません。でも、万に一つの奇蹟であることは、ご自分でも認めざるをえないでしょう。最期に人生を振り返って、何もかも台無しにしてしまったと悔いるのでは、あまりにももったいない」

「何が何でも描かねばならん」ストリックランドは繰り返した。

（略）

「描かねばならんと言ったろうが。自分でもどうしようもないんだ。水に落ちたら、泳ぎがうまかろうがまずかろうが関係ない。とにかく這い上がらねば溺れる」

『月と六ペンス』は1919年に発表された作品です。イギリスの1900年頃の男女の平均寿命はおよそ50歳ですから、ここでは「立派な中年男」と書いていますが、当時の40歳は既に、人生の完成へと向かう年齢だったことでしょう。

40を過ぎた自分に迷っている時間はもはや一分たりともない。溢れんばかりの情熱と激しく燃える生命力、そして自分の残りの人生を絵に賭けるのだという意志の強さが、ストリックランドの言葉からは伝わってきます。

合理的な価値観では測れないのが人生

この報告を「私」から聞いたエイミーは、改めて衝撃を受けます。「女性」が駆け落ちの理由であれば、3カ月もすればアバンチュールにも飽きて帰ってきただろうけれども、芸術を生きる糧《かて》として選んだのならば、夫はもう別の世界で生きている。したがって、もう帰ってくることはない。そう、エイミーは覚悟を決めたのでした。

美の崇高を追求する心は、ときに合理的な価値観と矛盾します。エイミーはそのことを悟ったのかもしれません。

もちろん、人は夢や理想だけで生きられるものではありません。誰もが社会的な通念や一般的な価値観を超え、いわゆる経済的な合理性を無視して、自分の信ずるところを追求するような、型破りな生き方を選べるわけではありません。そもそも、それが人生の正解であるとも限らないのです。

ただ、そういう人生の選択が60歳になったわたしたちにもあり得るということ、その気概を心の奥に抱きながら暮らしていくことで、これからの人生に何か新しい発見があるかもしれません。60歳を迎える現代人が、改めて手に取ってみるのに最適な一冊と言えます。

人生後半は好きなものを極めることの正解

宮澤賢治「毒もみのすきな署長さん」に学ぶ極める生き方

毒もみをする警察の署長さん

人生を最後まで生き切るということで、一つ思い浮かぶ作品に、宮澤賢治の短編作品「毒もみのすきな署長さん」というものがあります。わたしはこれを若い頃に一読して、その衝撃のラストに、思わず笑ってしまったことがあります。宮澤賢治の作品の中では有名とは言い難い作品ですが、もっと世に知られていいのではないかなと思います。

舞台はプハラと呼ばれる架空の国です。この国には、カラコン山の氷河から湧き出る4つの谷川が注ぎ込んでいて、プハラの町で一つに合流し、大きな川となっていました。この川には鯉や鮒、チョウザメなどさまざまな魚が泳いでいます。

この国の法律では、第一条に「火薬を使って鳥をとってはなりません、毒もみをして魚をとってはなりません」と定められています。毒もみとは山椒の皮などを原料にした毒で、上流の川の水の中で、それをもみ出すことで、魚を毒で殺して捕まえるというものです。この国では、水の中で死ぬことを「エップカップ」と言うと宮澤賢治は説明しています。

この毒もみの犯人を捕まえることが警察の一番の役目なのですが、子どもたちは、しきりに警察の署長さんが毒もみの犯人だと噂しています。困った町長さんが、そのことを署長さんに話にいくのです。すると、衝撃の事実が判明します。


「よくわかってます。実は毒もみは私ですがね。」

署長さんは町長さんの前へ顔を突き出して、この顔を見ろといふやうにしました。

町長さんも愕《おどろ》きました。

「あなた？　やっぱりさうでしたか。」

「さうです。」

「そんならもうたしかですね。」

「たしかですとも。」


毒もみの犯人は、何を隠そう、警察の署長さんその人だったのです。

人生の最後までやり抜くこと

こうして毒もみの好きな署長さんは、裁判にかけられ、死刑ということになりました。

いよいよ首を落とされるという段になっても、署長さんは笑っています。

いよいよ巨《おほ》きな曲った刀で、首を落とされるとき、署長さんは笑って云ひました。

「あゝ、面白かった。おれはもう、毒もみのこととき たら、全く夢中なんだ。いよいよこんどは、地獄で毒もみをやるかな。」

まさに自分の首が斬られる間際まで、不敵なことをつぶやくのです。しかも、どこも悪びれた感じもありません。署長さんは既に自分が地獄に行くことは知っています。地獄行きを覚悟しながら、だったら地獄に落ちてまでも毒もみを俺はやるぜ、と言うのです。

こういう小説を真面目にとってはおもしろくありません。これは一つの象徴であり、寓話であると言えるでしょう。つまり、好きなことなら人生をかけてやり通すということなのです。好きなことなら多少、世間から批判されてもやり通すべきだという意味が、ここには込められているのではないでしょうか。

この作品の場合、署長さんは死刑になってしまいます。もちろんさすがに死刑になってしまうほどのことをしでかすのは、当然ながらご法度です。

それは、何も法に触れてまで好きなことをやれということではありません。そう言えるくらい、本当に好きなことが自分にあるだろうか、それを自分は貫いているだろうか、と省みることを、この物語は教えてくれるのではないでしょうか。

署長さんの**「こんどは、地獄で毒もみをやるかな。」**という言葉の後に、本作はもう一文が書かれて終わります。そこには**「みんなはすっかり……」**とあるのですが、この「……」に読者の皆さんなら、何を入れるでしょうか。

地獄に行ってまで毒もみをすると言い張ったわけですから、「みんなはすっかりあきれてしまいました」というような一文が落ちになるのが普通でしょう。ところがです。宮澤賢治は、この作品を次のような一文で終わらせています。

みんなはすっかり感服しました。

感服したとは、つまり、プハラの町の人々は、あきれるのではなく、「この人はすごいなあ」と感心したわけです。

本来ならどうしようもない人だと非難されてしかるべき人なのですが、逆に周囲の人間たちは感服してしまう。大変面白いラストだと思います。「そんなに好きだったのか」「地獄でまでやるっていうのだから大したもんだ」「死ぬことすら怖がっていない。そうまでして好きなことをやりたいのか」というのが、素直な感想だと思います。

大きな迷惑を誰にもかけないのならば、人生の最後までやりたいことをやり抜くことは、実はとても大切なことなのではないかと思うのです。繰り返しますが、犯罪を犯してまで好きなことをやれということではもちろんありません。「地獄でもやる」とまで言えるほど、本当に好きなことを自分はやっているだろうか、という問いを本作は突きつけてくれるのです。

やりたいことをやり切った人間の最期という意味で、宮澤賢治のこの作品をぜひ、読んでみてはいかがでしょうか。

老年期には「妄想力」を磨くことの正解

セルバンテス『ドン・キホーテ』に学ぶ妄想人生

妄想を生きたドン・キホーテ

17世紀にセルバンテスが書いた『ドン・キホーテ』は、日本の差し迫った超高齢化社会の問題に、ある種の生き方のヒントになる物語です。

『ドン・キホーテ』は長年生きた現実にはもはや飽きてしまい、騎士道小説に夢中となり、とうとうその世界を生きるようになった老人の話です。おそらく、作者のセルバンテスは最初は、騎士道小説好きの人間をからかう意味で、この物語を書きはじめた面もあったことでしょう。ところが、物語が進むうちに、このドン・キホーテという人物がどんどんと魅力的なキャラクターに成長していってしまったのではないかと思います。

あらすじはおよそ、次のようなものです。ラマンチャ村に住むある老紳士は、騎士道小説を読み耽るあまりに、それが現実だと思い込んでしまいます。そこで騎士らしく遍歴の旅へと出発するために、装備を整え、サンチョ・パンサという百姓を騎士の従者としました。また、騎士道の習いに準じて、善良なる思い姫に誓いを立てるべく、近隣の村の百姓娘・アルドンサ・ロレンソに愛をささげました。騎士である自分が誓いを立てるのだから、それにふさわしい貴婦人の名前が必要だと考えて、彼女のことをドゥルシネーア・デル・トボーソと呼ぶようにしたのです。

こうしてドン・キホーテとサンチョ・パンサという二人組の遍歴の旅がはじまります。

ただ、妄想にとらわれているからと言って、ドン・キホーテは常識のない人間だというわけではありません。騎士としての所作や振る舞いをきちんと心得ています。しかし、ときにその妄想が炸裂して、風車を巨人と勘違いし、槍を持ったまま突撃したりするところが、『ドン・キホーテ』のユーモラスな部分です。

妄想の中を生きるドン・キホーテに比べ、サンチョ・パンサは現実主義者として、対照的に描かれています。主人の妄想に振り回されるサンチョ・パンサでしたが、そんな彼も、どこかドン・キホーテが語る話を、ただの妄想と扱っていないふしがあります。そもそも、サンチョ・パンサがドン・キホーテの従者となったのも、旅先で手にした領地をおまえに与えて、領主にしてやろうという口約束に魅せられたからだったのです。

ねえ、遍歴の騎士のだんなさま、おいらに約束しなさった島のこと、どうか忘れねえでくだせえよ。おいらは、どれほどでかい島でもちゃんと治めてみせるからね。

このようにまんざらでもないように語るサンチョ・パンサはやはりドン・キホーテの言い分をどこか信じているのです。この凸凹コンビが織りなす会話が、漫才のようにも聞こえ、実に読んでいて滑稽で笑えてくる愉快な冒険譚と言えるでしょう。

正気に戻り衰弱していくドン・キホーテ

騎士道小説に没頭した末に騎士となったドン・キホーテは、先に述べたように騎士の所作を身につけているため、言うこともなすことも無軌道であるというよりも、騎士道の原則に照らし合わせたような言動を見せます。ときに勇猛果敢に戦い、ときに弱い者の味方をするというように、ある種の気品に溢れた行動を取るのです。

そういう主人に振り回されながらも、サンチョ・パンサはドン・キホーテを励まし、この名コンビの旅は続いていきます。

やがて物語の終盤に登場する公爵夫妻が、この妄想に取り憑かれたドン・キホーテをからかおうとします。自分たちもドン・キホーテが語るような騎士の世界に住んでいるふりをして、彼のことを揶揄するのです。

そのうちに、ドン・キホーテは次第に元気を失っていきます。ある種の誉め殺しのようにされたドン・キホーテは妄想の力が衰えていき、正気を取り戻していくのですが、それと同時に一気に老け込み、衰弱していくのです。

物語の最後に、ドン・キホーテが死の床に臥して、サンチョ・パンサと語る場面は涙なくしては読めません。正気に戻り、遍歴の旅に連れ回したことを詫びるドン・キホーテに、サンチョ・パンサは泣きながら、そんなことはない、また一緒に旅に出ましょうよと言うのです。

「友のサンチョよ、どうかゆるしておくれ。この世に遍歴の騎士がかつて存在し、今も存在するという誤った考えにおまえをおとしいれ、わたしだけでなく、おまえにまで狂人のようなふるまいをさせてしまってすまなかった。」

「ああ、だんなさま！」と、サンチョが泣きながら叫んだ。「どうか死なねえでくださいましよ。それより、おらの言うことをきいて長生きしておくんなさい。いいかね、おらの大事なだんなさま、この世で人間のしでかすでかい狂気ざたは、べつに人に殺されるってわけでもねえのに、ただ悲しいとか侘しいとかいって、死にいそぐことですよ。さあ、おまえさま、そんなにぐったりしてねえで、ベッドから起き上がり、約束どおり、羊飼いの格好をして野原に出かけようじゃありませんか。そうすりゃあ、魔法からのが

れた、それはそれは美しいドゥルシネーア姫が、どっかの草むらから、ひょっこり姿を現さねえともかぎらねえだ。もし、一騎討ちに敗れたのが無念で死になさるちゅうことだったら、あれはおらのせいにしてくれろ。」

サンチョ・パンサと一緒になって、ドン・キホーテが正気に戻り気力を失ってしまうのが、とても寂しくなってしまう場面です。できることなら、もっとドン・キホーテには妄想の中で元気に生きてほしかったと、不思議と思えてきます。

人生後半の元気は妄想力が大切

ドン・キホーテは現代で言えば、ただの妄想老人に過ぎません。もし病名をつけるならば、アルツハイマーや認知症のような病気だったのかもしれません。しかし、その妄想がドン・キホーテとサンチョ・パンサという魅力的な二人組の物語を紡ぎ出したのでした。

妄想に駆られながらも、ドン・キホーテはただ暴走するのではない。騎士道にもとることはしないわけですから、盗みを働くなどということは絶対にあり得ません。女性に対しても大変に優しい。妄想の先がよかったとも言えますが、ある年齢に達したときに、現実ばかりではなく、妄想の世界というものがもう一つの現実となっていくことに価値を見出すのも、一つの生き方であるように思います。

もちろん、認知症患者の介護の問題も含めると、なかなか理想的なことばかりは言えないかもしれませんが、ドン・キホーテに振り回されながらも、その妄想に魅了されたサンチョ・パンサのように、そうした妄想にツッコミを入れながら楽しくつき合っていくのも、一つの考え方であり、生き方でしょう。

人生後半にはこうした妄想力にも注目してみるのもよいかもしれません。その意味では、『ドン・キホーテ』を読めば、妄想力を考えるよいヒントになるでしょう。

人生後半にいつまでもエネルギーを燃やし続けて、元気に生きるには、妄想と言えるほどに没入できるもう一つの世界をもつというのも、他人に迷惑をかけない程度には、よいのかもしれません。

第5章

人生後半のお金・性・人間関係の悩み

人生後半のお金の使い方の正解

ディケンズ『クリスマス・キャロル』に学ぶ気前の良さ

人生後半のお金の使い方

「お金はあの世へ持っていけない」とはよく聞く言葉です。生きるに足りる以上のお金がいくらあったとしても、死んでしまえば使うことはできません。

遺産相続のことなど現実にはいろいろあるとしても、原則的には残念なことに、お金は今生《こんじょう》のうちに使うしかないのです。

もちろん、人生100年時代に資産はいくらあっても邪魔にはなりませんが、問題は使い道とその人の普段の振る舞いです。お金の使い方は生き方そのもの。人の本質を如実に浮かび上がらせるものです。

孔子は**「富みて驕《おご》る無きは易し」**と言いました。本来、お金を持っている人が道徳的に生きるのは難しいことではないはずなのですが、それができない人も少なくありません。

家族を養うためにがむしゃらに働いて稼いできた時期が40代から50代だとしたら、60代以降は社会貢献の意識をより強くもつべきではないでしょうか。

ヨーロッパには「ノブレス・オブリージュ」と呼ばれる道徳観があり、貴族などの上流階級はそれ相応の社会的責任や義務を負うという考え方があります。イギリス王室が慈善活動に精力を傾けるのも、その伝統的な概念があるからでしょう。

アメリカもキリスト教の信仰を背景に、社会奉仕を尊ぶ意識が強く、チャリティの文化が深く根づいています。

日本でも平均寿命が男女ともに80歳を超える中、ますます長くなる老後期間に地域活動やボランティアに精を出す高齢者が増えていると言います。厚労省の最近の調査でも、高齢者の二人に一人がボランティア活動に参加していることがわかっています。

インターネットで「高齢者　ボランティア」と検索すると、地域の見守りや災害時の支援、介護補助など、さまざまな社会貢献の形が具体的に紹介されています。まだ経験がないという方は、まずはそのあたりから調べてみるのもいいでしょう。

お金についても、ケチと言われたくないばかりに、見栄をはって奢《おご》ってばかりいる必要はありませんが、少し余ったお金を託す募金先はいくらでもあります。

募金は広く万遍なく、という形でも悪くはないのですが、子どもの貧困問題や環境保護、災害関連など支援先はいろいろありますので、自分が特に応援したいと思う分野に「毎月これくらい」と決めておき、継続した支援を行っていくのもいいと思います。

いずれにせよ、60を過ぎてから「金に汚い」「守銭奴」というレッテルを貼られるのだけは避けたいものです。

『クリスマス・キャロル』の老人スクルージ

イギリスの文豪、チャールズ・ディケンズが書いた小説『クリスマス・キャロル』は、強欲な守銭奴の老人スクルージが、幽霊によって過去から未来へと時空を飛び越え、さまざまなものをその目で見ることで、温かい人間に生まれ変わるという話です。

ちなみに、ディズニー映画が好きな人ならご存じかもしれませんが、ドナルド・ダックの叔父の「スクルージおじさん」の名前はこの小説が由来とされています。それほどに国民的な人気を集める作品と言えるでしょう。

お金はあるけれども、吝嗇《りんしょく》で冷酷な老人エベニゼー・スクルージは、たった一人の友人であるジェイコブ・マーリーと会社を共同経営していましたが、彼も7年前に死去してしまいました。今は書記のクラチットを薄給で雇い、一人で事業を営んでいます。

欲深く自分の利益にしか興味が無い守銭奴のスクルージは、世間から憎まれ、疎まれている厄介者です。人間どころか犬すらも、スクルージを敬遠する始末です。その人となりを説明する文章は、これでもかというように、かなり悪しざまに書かれています。

スクルージーは並はずれた守銭奴で、人の心を石臼ですりつぶすような情け知らずだった。搾《しぼ》り取り、もぎ取り、つかみ取り、握りしめて、なお欲深い因業爺《いんごうじじい》である。鉄片を打ちつけても盛んな火花を散らすことのない、硬くとがった燧石《ひうちいし》に等しく、腹を明かさず、我が強く、牡蠣《かき》のように人づきが悪い。

そんなスクルージを、クリスマス・イブの日に甥《おい》のフレッドが誘いに来ます。しかし、「クリスマスなんてバカバカしい」と断ったうえに、甥に向かって「貧乏人のくせに祝う権利なんてどこにある」と罵り、追い返します。

続いて慈善団体の紳士が二人、スクルージのもとを訪ね、困窮者のための寄付を求めます。ところが、スクルージは、「貧乏人は牢屋や救貧院に入れてしまえばいい」と暴言を吐いて、これもまた追い返してしまうのです。

「人間、自分のことをきちんとして、他人のことに嘴《くちばし》をはさまずにいたらそれで充分だ。

私は仕事が忙しい。どうか、お引き取り願いたい」

一方、書記のクラチットは翌日のクリスマスを家族と一緒に祝うために休暇をお願いしますが、これにもスクルージは嫌味や悪態ばかりをついて、醜悪な人となりをさらけ出しました。結局、クリスマスの翌日にはいつもより早く出社することで、しぶしぶ休暇を認めたのでした。そんなスクルージの仕事終わりの日常は寂しいものです。

スクルージは行きつけのうらぶれた居酒屋でみすぼらしい食事をして、店にあるだけの新聞を隅から隅まで読み、時間つぶしに銀行の通帳を眺めてから家路についた。亡くなった相棒の名義だったむさ苦しい部屋に、今は一人で暮らしている。（中略）今や老朽を通り越して、ほとんど廃墟と変わりない。

物語はここで急展開します。7年前に死んだマーリーが幽霊となって現れ、これから三人の幽霊がやってくることをスクルージに告げたのです。すると、三夜続けて、別々の幽霊がスクルージのもとへとやってきました。そして、未来、過去、現在の、クリスマスの日の「ある場面」へとスクルージを連れ去っていきます。この体験を通じて、スクルージは自らの人生観を一変させるのです。

スクルージは幽霊を呼び寄せてくれたマーリーの霊に心から感謝し、今年のクリスマスを祝うことを決心します。クラチットの家に匿名で七面鳥を送り、給与のアップも決めました。そして甥たちの家にお邪魔をして、一緒にクリスマスを祝ったのでした。

どんな年齢でも人は変わることができる

悪人や世捨て人とも思えた登場人物があるきっかけで真人間になるという物語は、世界中の至るところで見出すことができます。そのような物語を、成熟した大人になってから読むと、つい冷めた目で「人間の本質がそう簡単に変わるもんかね」と斜に構えて見てしまうものです。

しかし、私は、こういう物語には、別の読み方もあると思っています。

スクルージは悪人から善人に生まれ変わったのではなく、もともと彼がもっていた善人としての本質が、未来や過去を旅することで呼び覚まされたのではないでしょうか。私は先に、『クリスマス・キャロル』という物語を守銭奴の老人スクルージが、温かい人間に「生まれ変わる話」だと説明しました。しかし、本当は生まれ変わったのではなく、「人間性を取り戻した話」というのが正しいのかもしれません。

作中では、情け知らずのスクルージから、書紀のクラチットも甥のフレッドも、酷い扱いを受けているのですが、それにもかかわらず、彼らはあまりスクルージのことを悪くは言わないのです。

読者はそこに違和感を覚えるかもしれませんが、スクルージが本当の悪人ではないことを彼らが見抜いていたからこそ、突き放すことなく、つかず離れずの関係を保っていたのではないでしょうか。

子どもの頃に読んだという人も、今改めて読み直してみたら、きっと別の世界が見えてくるでしょう。かつてのスクルージのようなケチで誰からも嫌がられる老人にはならないように、気をつけるということも大切なことです。60歳になった今、自らの教訓物語として、読み返してみるのもいいですね。

言葉をおろそかにしない人生の成熟期の正解

三好達治

「土」から学ぶ言葉の愉しみ方

生命の源を表現する詩「土」

言葉の大事さと詩の醍醐味という点で、三好達治の作品もご紹介しておきましょう。

ここで取り上げる「土」という詩は、第二詩集『南窗集《なんそうしゅう》』に収録された作品です。

蟻《あり》が
蝶《ちょう》の羽をひいて行く
ああ
ヨットのやうだ

この詩は学校の教材としても使われており、短い文から何が読み取れるかを好きなだけ挙げていくという授業を、私は長野県で見学したことがあります。

まず一読して、「死んだ蝶を蟻が引きずっている。その蝶の羽がヨットの帆を連想させる」といったことは想像できます。

さらに妄想を膨らませてアングル（視点の角度）を変えてみると、タイトルが「土」であること、そして羽がヨットのように見えるということから、その視点は真上からというよりは、地面すれすれの低い位置にあることが、映像として浮かび上がってきます。

また、蝶がヨットであるなら、ここでいう「土」はきっと大海原でしょう。土も海も、「自然」「生命の源」「天地万物」といった壮大なイメージを共有しています。

そうなってくると、三行目の「ああ」という感嘆の語も、虫の死骸を引きずる残酷で悲しい「ああ」ではなく、むしろ森羅万象における自然の営みへの感動、さらには自然界への畏怖のような感情を表現したのでは、という思考にたどりつきます。

もちろん、正解も不正解も厳密にはありませんので、自由な発想で、思いつくことを頭に膨らませて読んでいけばいいのです。ここでお伝えしたいのは、言葉としっかり向き合う癖をつけるということ、そしてその大切さを知っておくことです。

これは読書に限らず、人とコミュニケーションを取るうえでもまったく同じことだと思います。人生の成熟期を迎えた人であるならば、会話や文章をおろそかにせず、きちんと受け止めて、細かく自分の中で噛み砕き、文脈や人間関係、世界観を読み取ることを意識したほうがいいでしょう。それが、円熟した人間の深みを作るのです。

では、練習問題として、三好達治の詩集『測量船』から「雪」を。

太郎を眠らせ、太郎の屋根に雪ふりつむ。
次郎を眠らせ、次郎の屋根に雪ふりつむ。

言語の理解を大雑把にしない生き方の正解

ウィトゲンシュタイン『論理哲学論考』『哲学探究』に学ぶ言葉の大切さ

世界は言葉によって構成されている

言葉の理解を大雑把にしないということは、より哲学的に言えば、人間存在にとって重要かつより根源的なものだと思います。言語や論理と、世界や事実の関係をより根底的に問うた哲学者にルートヴィッヒ・ウィトゲンシュタインという人物がいます。生前に発表されたウィトゲンシュタインの主著『論理哲学論考』（以下、『論考』）では、わたしたちが存在するこの世界と言語との関係について、理知的かつ徹底的な考察が行われました。

「天才」とも称される哲学者による学術書ですから、非常に難解であり、哲学に不慣れな人にとって、その読解は一筋縄ではいきません。誤解を恐れず、あえて簡明に述べるならば、この『論考』においてウィトゲンシュタインは、「思考の限界」を見極めることによって、わたしたちはどんなことまでは考えることができ、あるいは考えることができないのかを浮き彫りにしたのです。

野矢茂樹さんの訳から引用するならば、**「およそ語られうることは明晰に語られうる。そして論じえないことについては、ひとは沈黙せねばならない」**と、ウィトゲンシュタインは語っています。**「語りえぬものについては沈黙せねばならない」**という一文は有名です。

ウィトゲンシュタインは『論考』を書き上げた頃、言語をより厳密に思考することにより、言語と世界の関係という本質を定義づけました。通常、私たちは言葉を用い、論理立てながら思考していくわけですが、それはまさに言葉で事実を写し取るようなことであり、それは、言語でもあり、世界でもあるのだと言うのです。それは言語に単一の本質的な論理を見出す哲学的な思考でした。

ところが、ウィトゲンシュタインの死後に刊行された『哲学探究』（以下『探究』）では、この『論考』での言語と世界の関係を完全に破壊してしまうのです。

言語ゲームの実践が言葉と世界を構成する

『探究』に代表される後期のウィトゲンシュタインは、新たに「言語ゲーム」という概念を通じて、自分が作り上げた言語と世界に関する哲学を完膚なきまで、破壊してしまいます。ウィトゲンシュタインは、この言語に関する概念を、ケンブリッジのサッカー競技場を通り過ぎたときにひらめいたという、まさに「天才」的なエピソードが伝わっています。

言語ゲームとは、言語を規則に従った実践としてのゲームとして捉える考え方です。

たとえば、子どもが本やイスがあるということを学ぶ際には、「本」や「イス」という言葉を学ぶと同時に、本を取りに行ったり、イスに座ったりすることを学ぶ実践でもあります。ウィトゲンシュタインはこれを「原初的言語」と呼びますが、私たちはつねに、言葉と行為が一体となったような実践の中で、自分の言語を獲得していくのです。

その実践の全過程を、ウィトゲンシュタインは言語ゲームと呼んだのでした。

つまり、世界と言語を統一するような固定した本質があるのではなく、言語を発することと行為することが一体となった実践を、わたしたちが絶えず行うことによって、結果的に言語が形作られていくのだ、ということなのです。

何らかの本質が言語と世界を規定するのではなく、わたしたちの言語ゲームを通した実践が、言語と世界を絶えず生成している。これはウィトゲンシュタインが探究した論理哲学だけでなく、心理学や社会学、人類学、ひいては人間の認識を探究する認知科学の分野に大きな影響を及ぼすこととなりました。

言葉を正しく使うことで、正しく考えることができる

やや難解な話が先行してしまいましたが、体型的に順序づけられた命題の連なりから、世界と言語の関係を証明していこうとした『論理哲学論考』と、さらにその世界観

を乗り越えようとした『哲学探究』は、いずれも言葉に対する真摯な向き合いによって生まれたものです。

言い換えるならば、世界の存在そのものを探究する哲学の命題も、それはすべて言葉の問題だとも言えます。曖昧な言葉の使い方をしているうちは、この世の秘密を解き明かすことはできないし、その謎を理解することもできない。言葉と徹底的に、正確かつ精密に、そして真摯に対峙していくことで、その答えは開けるのです。

「およそ語られうることは明晰に語られうる。そして論じえないことについては、ひとは沈黙せねばならない」と言うならば、まさに言語の限界は思考の限界と言えるでしょう。

もちろん、わたしたちが専門の哲学者のように常に考えるべきだというのではありません。言語の限界が思考の限界であると同時に、私たちは言語的な活動と実践である言語ゲームを通じて、自分が生きる世界を形作っているというならば、言葉を通じて世界を変えることに私たちは常に開かれているとも言えるでしょう。

つい、年を取るにつれて、私たちは自分が普段使っている言葉を、自然で自明なものと捉えすぎてしまいます。年を取れば取るほど、人間は自分が身につけた社会的な常識や文化的な振る舞いを内面化し、言葉の「自動化」は進んでいきます。それがときに相手を傷つけたり、相手に本当はうまく伝わっていなかったりして、人間関係の齟齬につながることもあるのです。

人生の伴侶である夫や妻に、いきなり定年後に離婚を突きつけられるといういわゆる「熟年離婚」の背景には、自明のものと考えて、きちんと振り返ることをしなかった言葉遣いやコミュニケーションのあり方に問題があるのかもしれません。

自分が普段使っている言葉遣いの裏に、どんな論理が隠されているのか、改めて振り返ってみることは、そのまま自分勝手な言葉遣いを省みて、正すことにもつながるでしょう。言葉はコミュニケーションの重要な手段であり、人間にとって自分が生きる「生活世界」を形作る重要な道具です。人生後半をより豊かに過ごすヒントとして、ウィトゲンシュタインの言葉を頼りに、自らの言葉を自省してみてはいかがでしょうか。

次世代へバトンを渡すことの正解

夏目漱石『こころ』から学ぶ若者へ託す心

「先生」の秘密に接する「私」

夏目漱石の不朽の名作と呼ぶべき小説『こころ』は、主人公である「私」と「先生」との出会いとその友情からなる前半と、自死を選んだ「先生」が「私」に残した遺書である手紙からなる後半に分かれて展開しています。そこには明治という時代を生きた一人の人間のエゴの懊悩《おうのう》というものが、巧みに表現されていると言えます。

「先生」は、自分の人生における「よい時間」はとうに過ぎ去り、既に余生を生きているような感がありますが、おそらく年齢としてまだ30代くらいだったと思われます。若くして老生し、人生の終焉に向かっている姿は、さらに年若い「私」の目には、魅力的にも映ったのでしょう。なぜ、あんなにも教養のある「先生」が職にもつかずに、世を偲ぶようにして生きているのか。その陰のある人間としての魅力に、「私」は惹きつけられていきます。

どうして「先生」がこのような人間になったのか、その思想の秘密である「先生」の過去を、「私」は聞き出そうとします。

「あなたは大胆だ」

「ただ真面目《まじめ》なんです。真面目に人生から教訓を受けたいのです」

「私の過去を訐《あば》いてもですか」

訐くという言葉が、突然恐ろしい響きをもって、私の耳を打った。私は今私の前に坐っているのが、一人の罪人であって、不断《ふだん》から尊敬している先生でないような気がした。

先生の顔は蒼《あお》かった。

「あなたは本当に真面目なんですか」と先生が念を押した。「私は過去の因果《いんが》で、人を疑《うたぐ》りつけている。だから実はあなたも疑っている。しかしどうもあなただけは疑りたくない。あなたは疑るにはあまりに単純すぎるようだ。私は死ぬ前にたった一人で好《い》いから、他《ひと》を信用して死にたいと思っている。あなたはそのたった一人になれますか。なってくれますか。あなたは腹の底から真面目ですか」

「もし私の命が真面目なものなら、私の今いった事も真面目です」

私の声は顫《ふる》えた。

「先生」は、「私」に自分の秘密を打ち明けることを約束しますが、今ではなく、「適当の時機」に話すと言います。そして、その秘密は、最終的には「先生」の遺書として書かれた「私」宛の手紙において伝えられるのです。

この「先生」の秘密とは、過去に自分の裏切りによって友人の「K」が自殺してしまったということの負い目でした。その罪の意識を背負いながら、「先生」はこれまで生きてきたのです。そして、「先生」は贖罪のために、自らも死を選んだのでした。

若くして老成した「先生」の人生

「先生」のように、若くして既に老成している人間というのは、明治時代にはさほど珍しくなかったと思います。「先生」のように30代であっても人間としては仕上がっていて、それが顔にもよく現れているというような時代ですから、当時にあって60歳の人間は、本当に老人という感じだったことでしょう。

ところが、今の時代はアンチエイジングが流行りですし、なかなか老年に入ろうとしないのではないでしょうか。老いることをいかに引き延ばすか、ということに価値が置かれているわけですから、「老年期先送り」というのが現代の特徴であると言えるかもしれません。

また、自らの裏切りによって、親友を亡くし、そのことが「先生」自身も苦しめている。それがために「先生」の老化は、早まったのだとも考えられるでしょう。

また、「先生」が自ら死を選ぶきっかけには、明治という時代の終わりという時勢も少なからず関係していました。

「先生」は自殺を決意する前に、明治天皇の崩御の報に接しています。「私」に宛てた手紙の中で、**「その時私は明治の精神が天皇に始まって天皇に終ったような気がしました。最も強く明治の影響を受けた私どもが、その後に生き残っているのは必竟《ひっきょう》時勢遅れだという感じが烈《はげ》しく私の胸を打ちました」**と「先生」は記しています。

やがてひと月余りが過ぎた後、乃木大将の殉死の報に接し、新聞で、乃木大将が生前に書き残しておいたものを目にします。そこには西南戦争の際に敵方に旗を奪われて以来、死のうと思い続けてきたというのです。乃木大将は35年もの間、「死のう死のう」と思って暮らしてきた。「先生」はその事実に衝撃を受けました。

私はそういう人にとって、生きていた三十五年が苦しいか、また刀を腹へ突き立てた一刹那《いっせつな》が苦しいか、どっちが苦しいだろうと考えました。

それから二三日して、私はとうとう自殺する決心をしたのです。

まさに先生もまた、自らも「明治の精神」に殉ずる形で、自死を選んだのでした。

励ましの天才・漱石

自分の人生をひとしきり眺め、自分なりに決着をつけるというのは、当然ながら、そのまま真似をするのは大変に難しく、またよくないことではあります。

夏目漱石もまた、他方では自分のもとを訪ねてきた一人の女性の相談に乗ったことがありました。そのときの様子は、『硝子戸の中』というエッセイ集に詳しく書かれています。女性は自らの恋愛経験の苦しみを告白すると、死ぬほうがよいのか、生きるほうがよいのかと、漱石に問いかけます。夜も更けたため、漱石自ら女性を送ると、別れしなに次のような会話を交わしたのです。

次の曲がり角へ来たとき女は「先生に送っていただくのは光栄でございます」と云った。私は「本当に光栄と思いますか」と真面目に尋ねた。女は簡単に「思います」とはっきり答えた。私は「そんなら死なずに生きていらっしゃい」と云った。

このように漱石は、彼を慕う人や弟子たちに対して、ことあるごとにさまざまな言葉をかけ、人を励ます天才でもありました。漱石が友人や弟子たちに宛てた手紙には、そのような優しい心遣いが溢れています。漱石の手紙については次節で紹介したいと思いますが、つまるところ、漱石自身、自ら死を選ぶということを決して、肯定はしなかった人間なのです。

精神的な成熟を目指す

さて、『こころ』を読むと、精神というものを成熟させるのには、実際の年齢は絶対的なものではないんだなと思わされます。若さに価値を置く現代では、年齢的には年を取っていても、精神的には成熟していない、なんていう人も多いのではないでしょうか。

そのように老成した「先生」は、自分に対して誠実でありたいという気持ちによって、自らを追い込む結果になりました。しかし、その過程で「先生」は、倫理的に非常に深い成熟を得ることができたのではないかと思います。そのような深さが、先生の人間性にはあるのです。

「先生」は、「私」に宛てた手紙の中で、**「私は倫理的に生れた男です。また倫理的に育てられた男です」**と語っています。倫理というものは、自分で自分を信じることができるか、信じるに足るのかというところにあるのではないかとわたしは思います。「先生」は、あのまま生きていたのでは自分自身を信じることができず、許すことができなかった。だから、死を選んだのでしょう。

そこには「成熟」を遠ざける現代とは違う価値観を生きながら、一本の芯が通った人間としての魅力があるように感じるのは、きっとわたしだけではないでしょう。

この「先生」という人物を、本当に手本にすべきかどうかはわかりませんが、どうにも忘れ難い存在であるのは確かです。「先生」が最後に選んだ行為はともかくとして、後半生を生きる私たちにとって、倫理的な芯をもつこと自体はよいことです。「先生」が「明治の精神」に殉じたように、あなたなりの「〇〇の精神」に立ち返ることによって、自分の人生に軸というものが再発見されることでしょう。人生の後半に入ったときに、そうした精神文化に戻っていき、精神的な成熟を獲得していく、という意味では、『こころ』という作品には、大変に学ぶところがあります。

何より、物語に通底するのは人が抱える孤独と生きづらさ。そして、その中でどのように人間関係を構築していくかです。このテーマは令和の現代にも通じるものです。

次世代へとつなぐバトン

もう一つ、『こころ』を通じて考えたいのは、老成した「先生」と年若い「私」との関係です。「私」は「先生」を尊敬し、先生の考え方や生き方に学びたいと思い、「先生」のもとを足繁く通っています。父親でもない、親戚のおじさんでもない、学校の教師でもない、そんな年上の人との交流は、若者にとって大きな刺激にもなることでしょう。

また、「先生」にとっても「私」との交流は、大きな意味をもっていたのではないかと思います。**「私は死ぬ前にたった一人で好から、他を信用して死にたいと思っている。あなたはそのたった一人になれますか。なってくれますか」**と「私」に尋ねた「先生」の心情は、まさに若い人に対して、自分の思いをバトンタッチするというような意味もあったのではないでしょうか。

だからこそ、「先生」はあんなにも長い手紙を遺書として、「私」に託したのでしょう。

もしかしたら、そこには残された自分の妻の世話を、この若者が引き受けてくれるのではないか、というような期待もあったのかもしれません。

人生後半において、若い人たちにいったい何を残すことができるのか。

どんな言葉をかけてあげることができるのか。

次世代へとつなぐバトンという意味で、『こころ』を読み直すこともできますね。

人間の弱さを肯定する60代からの正解

夏目漱石の手紙から学ぶ自他との向き合い方

漱石から弟子に宛てた手紙

『こころ』の「先生」と「私」の関係性を見ていて思い浮かぶのが、多くの弟子をもった夏目漱石自身の弟子との関係です。

ジャーナリストで評論家の長谷川如是閑《にょぜかん》は、漱石のもとに集まる弟子たちを評して、「あんな師弟の関係は昔だってありゃしない」とからかい混じりに言ったと伝わります。

漱石の友人や弟子たちは、普段から漱石にさまざまな悩みをうちあけ、漱石もそれに一つひとつ丁寧に答えながら、頻繁に手紙のやりとりをしていました。

『こころ』をはじめとして、さまざまな名作で知られる漱石ですが、かなりの筆まめで、親しい友人や弟子たちに宛てた手紙に書かれた文章は、ときに辛辣に、ときにユーモラスに、相手を励ます優しさに溢れた名文ばかりです。門下生のために職探しをして斡旋してやるなど、その面倒見のよさも際立ちます。

たとえば、東京帝国大学文科大学英文科の学生だった芥川龍之介は、菊池寛らとともに第四次『新思潮』を創刊し、短編「鼻」を掲載しました。

漱石は芥川に手紙を送り、**「敬服しました。あゝいうものをこれから二三十並べて御覧なさい。文壇で類のない作家になれます」**と、若き作家の作品を高く評価しました。

漱石は、多くの新人作家を発掘したことでも知られており、大作家となっても驕らず、文学に対し真摯な態度を崩しませんでした。

また、熊本第五高等学校で教師をしていた頃の教え子である寺田寅彦に宛てた手紙には、同じく五校時代の教え子で、東京帝国大学に進学した竹崎音吉の落第を聞いて、次のように記しています。

落第のいっぺんくらいは心地よきものに候。ますます発奮しておやりなさるべく候。

漱石もまた大学予備校予科二級の進級試験を、腹膜炎になったために受けられず、落第したことがありました。人の痛みをよくわかる漱石ならではの励ましだと思います。

また、同じ五校時代の教え子である野間真綱に対しては、

君は気が弱くていけない。いっしょになって泣けば際限のない男である。ちとしっかりしなければ駄目だよ。

と、優しいながらも、叱咤するような言葉を添えてあります。生活に貧窮する野間に対して、しばしば漱石は金銭的な援助を惜しみませんでした。それに対しても、「**金は時々人が取りに来る。有るものは人に借すが僕の家の通則である。遠慮には及ばず**」と手紙

にしたためて、借りる側が気兼ねすることのないよう配慮もしています。

生涯、「漱石の弟子」を貫いた森田草平

このように頻繁に弟子と手紙のやりとりをした漱石でしたが、その中でも、漱石の自宅に足繁く通った森田草平とのあいだには、とりわけ多くの手紙が残されています。

この森田という弟子は、晩年に至るまで「漱石の弟子」であると宣言し、漱石の死後には『漱石全集』の編集や校正にも関わりました。ここでは、漱石と森田の師弟関係と、その手紙のやり取りを中心に見ていきます。

森田は漱石の自宅に集った「木曜会」の門下生の一人で、東京帝国大学を卒業した後は、漱石の図らいで中学の英語教師となりましたが、長続きしませんでした。やがて、与謝野鉄幹が主催する女子学生向けの閨秀文学講座の講師を務めるようになります。色恋沙汰の事件に事欠かなった森田は、この講座で知り合った平塚らいてう《ちょう》と心中騒ぎを起こすことになります。冬の塩原尾花峠へと入ったものの、雪道を歩くうちにわざわざ死ぬことに疲れて、自殺用に持ってきた短刀を捨ててしまい、結局未遂に終わりました。

事件後は、漱石のすすめもあって、この自殺未遂事件の顚末を『煤煙《ばいえん》』という小説にまとめると、一躍有名作家となりました。ちなみに平塚らいてうとの心中未遂事件は、地名から塩原事件とも、この小説のタイトルにちなんで煤煙事件とも呼ばれています。

弟子を励ます漱石

森田は、上田柳村《りゅうそん》（上田敏）らが主催する同人誌『芸苑《げいえん》』の立ち上げに参加し、自らも「病葉」と題する作品を発表します。漱石は届けられた雑誌に掲載された森田の作品を読むといくつかの助言を添えて、「よくできている」と手紙にしたため、森田に送りました。

漱石からこの手紙を受け取った森田の喜びようは大変なものでした。それは自分の一生にとって、革命をもたらしたと言ってもいいほどの「大事件」だったと述べています。

森田は、漱石が斡旋した職をすぐに辞めてしまったり、妻子があるにもかかわらず、不倫をし、心中未遂事件を起こしたりするような、今で言えば「ゲスの極み」のような人間と言えるでしょう。そんな不詳の弟子に対して、漱石は次のような叱咤激励の手紙をしたためています。

君が生涯はこれからである。功業は百歳の後に価値が定まる。百年の後、誰かこの一事を以て君が煩とする者ぞ。

森田に宛てた別の手紙では、思い悩む弟子に対して、率直に励ましの言葉をかけています。それは現代を生きるわたしたちにとっても、素直に響く励ましです。

君弱いことをいってはいけない。僕も弱い男だが弱いなりに死ぬまでやるのである。やりたくなくなく立ってやらなければならない。

また同じ手紙には、**「死ぬだけの覚悟でもって大《おお》いに考え込んで近頃はやる自覚でもしなくてはなるまい。自覚になると僕は知らない事だから一言もいえない」**と記しています。押しつけがましくならないように、どこか抜けを入れている点にも、漱石の心遣いが窺えます。

手紙だからこそ伝わる心遣い

漱石と森田の関係は、ある意味、『こころ』の老成した「先生」と年若い「私」との関係を彷彿とさせます。自らの弱さを弟子にさらけ出すところも、また『こころ』における先生の振る舞いによく似ていると言えるかもしれません。

自分の弱さを率直に認める、その素直なところが、人間・漱石の魅力の一つです。実際、漱石自身、若い頃のロンドン留学中に、神経衰弱に罹り、心を病んでいたことはよく知られています。その弱さも含めて、若者に人生というものを伝えていく、そんな姿勢が漱石の手紙からは感じられます。

またもう一つ、考えたいのは手紙の効用です。メディアやデバイスの発達した昨今では、EメールやLINEのようなSNSによって、言葉のやり取りを済ませてしまうこともしばしばです。

仕事や子育ても終わり、少しずつ自分の時間が増えてくる60代以降、もはや自分が直接手を貸すことはできないけれども、子どもや孫といった次世代の人たちに「言葉」を残すことはできます。

EメールやSNSはクリック一つで消えてしまいますが、「手紙」は物として残ります。仕事の忙しさから疎遠になってしまった、大学や高校の頃の友人たちに手紙を出すのもいい。自分の手で言葉をしたためる「手紙」だからこそ伝わる思いもあります。人生後半にはメールだけでなく、「手紙」に注目してみるのも、有意義な時間の使い方です。

人生後半こそ恋愛に生きることの正解

樋口一葉『たけくらべ』に学ぶ恋愛の素晴らしさ

60歳を過ぎても恋愛する心を忘れない

家庭や仕事がひと段落した60代にとって、もっとも縁遠くなり、忘れ去られてしまった感覚の一つが、もしかしたら「恋愛」なのではないでしょうか。

10代の頃の甘酸っぱい思春期ならではの純粋な恋愛、あるいは20代の頃の、身も心も燃え上がるような恋愛。そのような恋愛を60歳になってもしたいと思うのは、無理な話かもしれません。けれども、かつて自分が経験した若い頃の恋愛体験を思い起こし、心をときめかすことはできるでしょう。そのような心のときめきが、人生後半の生に張りをもたらしてくれるのではないかと思います。

また、恋愛という人間の繊細な機微をうまく描いた名作は古今東西、数多く存在します。そんな文学作品を読むことで、思春期の甘酸っぱい恋心を追体験することもできるでしょう。現代の恋愛小説もいいかもしれませんが、ここで紹介したいのは、肺結核のために24歳の若さで亡くなりましたが、その死までの「奇跡」と呼ばれる14カ月に、不朽の名作を完成させた樋口一葉です。森鷗外や幸田露伴らから激賞された、日本文学史における天才と言えるこの作家の、代表作『たけくらべ』を取り上げたいと思います。

恋愛を噛み締める樋口一葉『たけくらべ』

『たけくらべ』は、多くの遊郭が軒を並べる吉原近くで暮らす少年少女の物語です。

売れっ子の花魁・大巻を姉にもつ14歳の美登利《みどり》は、勝ち気なお侠《きゃん》で、仲間うちでは、リーダー的な存在です。彼女もいずれ姉と同じように、吉原の遊女となるさだめにあります。

他方、僧侶の父を持ち、美登利と同じ学校に通う信如《しんにょ》は、僧侶の父を持ち、仏門に入ることが決まっている15歳の少年です。生真面目な性格で、生臭坊主な父のことを軽蔑さえしています。

子どもたちは住む地域によって、表町組と横町組の二つに分かれて、互いに競い合っていました。同じ学校に通っていた美登利と信如は、それぞれ横町組、表町組でした。生真面目な信如は、美登利との仲を冷やかされて、つい邪険にしてしまいます。

境遇の異なる幼なじみの二人は惹かれ合いながらも、成長するにつれて次第にすれ違っていくようになり、やがて、美登利と信如のあいだには大きな隔たりができるようになってしまいます。しかし、その本心はどうなのでしょうか。

直接に言葉を交わすことなく、表現される二人の心のやりとりに、わたしたちは若い頃の恋愛の純心さを、改めて体験することができるでしょう。

ある秋雨の降る日に、二人が交わしたやりとりは、このつかず離れずの思春期の恋の様子を見事に表現しています。

用事に出た信如は下駄の鼻緒を切ってしまいます。奇しくもそこは美登利の家の前でした。それに気がついた美登利は、友禅の端切《はぎ》れを渡してあげようとするも、それが信如だとわかると、慌てて身を隠してしまいます。

信如のほうも、美登利に気づきますが、恥ずかしさで、鼻緒を直す仕草を続けます。美登利は思い切ってその端切れを、信如に向かって投げるのです。

端切れが足元にあるのを認めた信如ですが、たまたま通りかかった友人の下駄を借り、真如は思いとともに歯切れをその場に残しながら去るのでした。樋口一葉はこの場面を次のように表現しています。

見るに気の毒なるは雨の中の傘なし、途中に鼻緒を踏み切りたるばかりは無し、美登利は障子の中《うち》ながら硝子ごしに遠く眺めて、あれ誰れか鼻緒を切つた人がある、母さん切れを遣《や》つても宜《よ》う御座《ござ》んすかと尋ねて、針箱の引出しから友仙ちりめんの切れ端をつかみ出し、庭下駄はくも鈍《もど》かしきやうに、馳せ出でゝ椽先《えんさき》の洋傘《こうもり》さすより早く、庭石の上を伝ふて急ぎ足に来たりぬ。

それと見るより美登利の顔は赤う成りて、何のやうの大事にでも逢ひしやうに、胸の動悸《どうき》の早くうつを、人の見るかと背後《うしろ》の見られて、恐る〳〵門の傍《そば》へ寄れば、信如もふつと振返りて、此《こ》れも無言に脇を流る〻冷汗、跣足《はだし》に成りて逃げ出したき思ひなり。

思春期の二人の初々しさが伝わる、とても印象的なシーンが、立て板に水のように、小気味よく流麗な文体で表現されています。このような味わいある文章は、唯一無二のもの。樋口一葉のような文章を書ける人は、今後も現れないのではないかと思わせる名文です。

感情の起伏を楽しむ心

明治の少年少女の心の機微、淡い恋、情の揺れ。『たけくらべ』というタイトルには、背丈の「たけ」という意味と同時に、思っていることのすべてを表す「心のたけ」という意味が込められています。思春期から大人へと変わろうとする、美登利と信如の関係の変化と、二人の心の成長をどのように読み解くかは、60歳という成熟した年齢に達した今だからこそ、わかることがあるのではないでしょうか。

また、『たけくらべ』といえば、少女漫画の傑作『ガラスの仮面』の中で劇中劇として描かれていることで知っているという人も多いのではないでしょうか。主人公のマヤとライバルの亜弓《あゆみ》が、それぞれ所属する劇団で『たけくらべ』の美登利の役を演じ、コンクールで競い合います。

『たけくらべ』に限らず、たとえば日本の少女漫画には、思春期の純粋な恋愛を主題にした名作もたくさんあります。60歳を過ぎてから、少女漫画を読んでみるというのも新鮮な読書体験になるのではないでしょうか。まだ『たけくらべ』を読んだことがないという人も、『ガラスの仮面』のような少女漫画を最初の手引きにしてもよいかもしれません。

『たけくらべ』のような、かつての日本語の古文体にあった独特のリズムを持つ文体に、改めて触れ直すのもまた面白いものです。『たけくらべ』から、さらには日本の恋愛文学の名作である『源氏物語』にもチャレンジしてみるのもよいでしょう。それを老後の楽しみにするのも一興です。

60歳からの子どもや孫とのつき合い方

――小堀杏奴『晩年の父』に見る森鷗外の子育て術

子どもと丁寧に接した森鷗外

人生の後半の人間関係を考えるとき、しばしば問題になるのが、子どもや孫との関係ではないかと思います。その中でも晩年に至るまで、穏やかな父子関係を築いていた人間として、思い浮かぶのは明治・大正の文豪・森鷗外です。森鷗外と後妻・志げのあいだに生まれた次女・小堀杏奴《あんぬ》が書いた『晩年の父』というエッセイの中で、わたしたちはその姿を知ることができます。

たとえば、杏奴は、「父は何時も自分と同じような気持ちになっていてくれたような気がする」と述懐しています。杏奴が犬を飼えば一緒になってかわいがり、蚕を飼うのに夢中になれば、鷗外もまた自分の一大事のように、蚕について夢中で取り組んでくれたと言います。そして、それは次のような森鷗外の子どもに対する考え方からきているのでした。

これは父が子供を愛するあまり、子供と同じ気持ちになると言うばかりではなかったらしい。父は母に向って、

「お前はもっと子供の話を一生懸命に聞いて遣《や》らなくてはいけない。大きくなるほど子供は親に何んでも話せるようにして置かないと、思掛《おもいがけ》ない間違が起るものだ」

と言っていたそうだ。

鷗外は子どもの目線に立って、一緒になって遊んでいたというわけではありません。

子どもの将来を見据えながら、大変に配慮して、わが子に接していたことがわかります。また、ときには子どもを叱らなければならない際にも、鷗外は細心の配慮をしていたことが、次の杏奴の文章からわかります。

父は人の気持について、実に微妙な、同情深い心を持っていた。
母が子供たちを叱責《しっせき》するような場合、その子供の容貌《ようぼう》だとか、その他の欠点に触れるような事が少しでもあると、父は縦《たと》い自分の子供に対してであってもそう言う事を言うものではないと言ってよく怒った。

杏奴は鷗外の自然な思いやりに対して、そこには鷗外自身も自分の容姿が美しくなかったことに対するコンプレックスがあったのだろうと分析をしています。次のような鷗外の言葉もまた、彼なりの人間観を端的に表しているように思います。

人間は親から貰《もら》った顔のままではいけない。その顔を自分で作って行って立派なもの

にしなくてはならない。

杏奴は続けて、その言葉の通りに生きた父に対し、**「晩年の父の顔は実に立派な美しさを感じた」**と記しています。

子どもに対して大変、柔和で穏やかに優しく接し、細心の心配りをする、鷗外と子との丁寧な関係が窺えます。

陸軍軍医のトップであると同時に、旺盛《おうせい》な文筆活動で知られた森鷗外ですから、大変に多忙な毎日を過ごしていたはずです。それにもかかわらず、このように子どもに対してちゃんと接するだけでなく、子どもを対等な人間として見、その将来も見据えながら、丁寧に関係を築いているところに改めて驚きます。

晩年の鷗外から学ぶ子ども・孫の接し方

とはいえ、鷗外も子どもにはかなり甘い面があったようです。ある日、家の門の塀にラクガキがされているのを見て、あの穏やかな鷗外が今までにないほどにひどく怒ったことがありました。書生を呼びつけて、こんな悪いことをする奴は、今度見つけたら殴ってしまえと言いつけます。実はそのラクガキは杏奴が書いたものだったのでした。ラクガキを書いたのが自分だと知ったらどんなに自分のことを悪い人間だと思うだろうかと、父が自分に優しくしてくれればくれるほどに心苦しくなってきた杏奴は、とうとう自分が犯人であることを白状します。すると鷗外は娘を叱責するどころか、

そうかアンヌコならいいんだよ。俺はまた近所の悪い子供がした事だと思っていたんだ。よしよし。

そう言って杏奴の背中を撫でてくれたのだそうです。なかなかに「親バカ」な一面を見せた鷗外なのでした。

また、こんな例もあります。森家では、明治・大正の家庭にあっては珍しく、クリスマスのお祝いを催していたそうです。

森夫妻は、クリスマスが来ると二人そろって街へと出掛けて、子どもたちが知らない

間に、欲しがっていたおもちゃなどを買い集めてきて、そっと家に運ばせたと、杏奴は記しています。

鷗外と過ごした最後のクリスマスはとりわけ豪勢なものだったそうです。杏奴は、バラ色のジャケットを欲しがり、弟の類は三輪車を望んでいました。

そこで父・鷗外は杏奴が欲しがっているからと、母の制止も振り切って、バラ色のジャケットを買い与えたのです。鷗外は杏奴が喜ぶ姿を嬉しそうに見ながら、**「これはお店中で一番上等で一番たかかったのよ」**と言ったそうです。口調もやさしいですね。このジャケットはどうしても捨てられず、大切にタンスの中にしまってあると杏奴は述懐しています。

とはいえ、鷗外は、むやみやたらに子どもに物を買い与えていたわけではありません。たとえば、杏奴は次のように記しています。

父は金がなかったせいもあるかも知れないが、母や私たちが何か欲しいものがあると「一晩寝て考えろ」とよくいっていた。全く一晩寝てみると欲しいと思ったものもそれ

ほど欲しく無くなる。

うまい事を考えたものだと今でも思っている。


何事につけて如才がない鷗外の人となりが窺えます。また、仕事の重責を担う鷗外は、こうした家族とのつき合い、子どもとのつき合いの中で、やはり癒されていたのではないかとも思えてきます。

60歳を迎える人たちにとって、子育ても終わり、中にはもう孫の顔も見たという人もいるでしょう。

小堀杏奴『晩年の鷗外』には、人生の後半に、いかに子どもや孫たちと触れ合えばよいのかを考えるヒントになります。ぜひ、手にとっていただき、父親としての森鷗外像に触れてください。

第6章

人生100年時代の幸福論

危険な魅力を感じさせる「悪」という生き方の正解

ドストエフスキー
『カラマーゾフの兄弟』を
反面教師にして考える

『カラマーゾフの兄弟』の父フョードル

道徳的な生き方とは言えないかもしれないけれども、ほとばしる情熱に正直に生きた人物を描いた作品という意味では『カラマーゾフの兄弟』という有名な作品があります。

ロシアの文豪・ドストエフスキーが残した最高傑作と呼ばれる作品ですが、大長編であるうえにストーリーが難解で途中で挫折してしまう人も少なくないようです。興味をもった人は、同じドストエフスキーでも最初はわかりやすく短い小説から入り、文体に馴染《なじ》んだうえで手に取ってみるのもいいでしょう。

いずれにしても、60歳を迎えて人生の成熟期に入った人であれば、ひるむことなく関心をもっていただきたい一冊であることは間違いありません。

物語は、強欲《ごうよく》で女好きなカラマーゾフ家の主フョードルと、三人の息子を軸に展開していきます。

三人兄弟の人物設定は、短気で情熱的な長男ドミートリー（ミーチャ）、知的で無神論者の次男イワン、心の優しい修道僧の三男アレクセイ（アリョーシャ）、という構図です。

直情的な長男は、遺産の問題や惚《ほ》れた女の奪い合いなどをめぐり、父親との間で喧嘩《けんか》が絶えません。ある日ついに父を殺してしまおうと計画を立てます。そして、実際に、父フョードルは何者かによって殺されてしまいます。

強欲な父を誰が殺したのかという推理サスペンスの興味で読者をひきつけ、いつしか深い知の森へと誘い込む絶妙な流れ。加えて恋愛、宗教、家族といったあらゆるテーマを内包する、まさに最高峰の総合小説だと言えるでしょう。

誰が殺したかはネタばれになるので伏せますが、ここで注目したいのは、フョードルという人物の激しい人間性です。父殺しというテーマにおいては、強く強欲な父親を息子たちがどう受け止め乗り越えていくのか、やはりカラマーゾフの兄弟たちにスポットを当てるのが、普通の読み方だろうとは思います。

しかし、60歳からの生き方、というものを考えたとき、いつまでも貪欲さを失わない父フョードルという人物の、なんとも言い難い、逆説的な魅力が際立ってきます。

成り上がり地主であるフョードル・カラマーゾフは、とにかく物欲が強く多情な人物。「淫蕩《いんとう》このうえもない男で一生を通した」という、まさに煩悩の塊《かたまり》のような人物です。その強欲の末に、フョードルは殺されてしまいます。自分の思いのままに生きた人間の末路、と言えるでしょう。

人間としては最低、にもかかわらず魅力的

また、本作では三男のアレクセイが主人公とされていますが、ドストエフスキー自身、本作の冒頭で次のように語っています。ここでは亀山郁夫さんによる現代語訳から引用します。

アレクセイ・カラマーゾフをわたしの主人公と呼んではいるものの、彼がけっして偉大な人物ではないことはわたし自身がよくわかっているので、たとえば、こんなたぐいの質問がかならず出てくると予想できるからである。

あなたがこの小説の主人公に選んだアレクセイ・カラマーゾフは、いったいどこが優れているのか？　どんな偉業をなしとげたというのか？　どういった人たちにどんなことで知られているのか？　一読者である自分が、なぜそんな人物の生涯に起こった事実の探究に暇をつぶさなくてはならないのか？

なかでも、最後の問いがもっとも致命的である。というのは、その問いに対して、わ

たしは次のように答えるしかすべがないからだ。「小説をお読みになれば、おのずからわかることですよ」と――。

群像劇に定評のあるドストエフスキーの、複雑な人物造形が窺えます。本作を読み終えてみても、フョードルという欲深い父親に対しては、「とてもじゃないが納得も共感もできない」という読者も多いでしょう。またカラマーゾフの兄弟たちの三者三様の生き方についても、意見はさまざまに分かれるかと思います。

人が生きるとは何か。欲望とどう向き合うべきなのか。神はいるのか。神は心を癒してくれるのか。父子のあるべき姿とは、人の良心とは、希望とは何か。

その答えは一つではありませんし、一つにまとめる必要もありません。多くのテーマと絡み合いながら、性格も価値観も異なる人物たちが激しく言葉をぶつけ合い、悩みもがき、争い、煩悩の火花を飛び散らせるのが、ドストエフスキー文学の複声的《ポリフォニック》な魅力だと言えます。

「あの人、最低なんだけど、なんか魅力あって、最高なんだよなあ……」と言われてしまうような人物が、皆さんの周りにも一人くらいはいないでしょうか。救いようのない人間だけれども、魅力的にも見える。カラマーゾフの兄弟たちの父親フョードルこそが、そんな人物ではないかとわたしは感じるのです。

もちろん、本作では、「淫蕩このうえない一生」を送ったフョードルだけが際立っているわけではありません。父親と諍いを続ける直情型のドミートリーも、無神論者として痛烈な社会批判を身に宿したイワンも、また本作の主人公で、神の恩寵による人類の調和を信じるアレクセイも、それぞれが過剰な人間であり、その過剰と過剰がぶつかり合うことで、ドラマが進んでいきます。

実は「カラマーゾフ」という言葉には「黒く塗る」という意味があるそうです。ドストエフスキーは意図的に「黒塗りの家系」という意味を、その姓に含ませていたと考えられます。

人間性の極北を知る

女好きと強欲と神がかりこそがカラマーゾフ家の血であるということ。直情的でキレやすい長兄のドミートリーは、情欲にまみれて屈辱的な状態で堕落することこそ本望だとしたうえで、「俺はカラマーゾフだからさ」とつぶやきます。

そして、ただ一人「黒く塗られていない」三男アレクセイも、彼に想いを寄せるリーザに対して「僕だってカラマーゾフですからね」と語るのです。

この大長編を読み終えたとき、わたしたちは違和感を抱くかもしれませんし、欲望にまみれた「カラマーゾフ家の血」のようなものが、自分の中にも流れていることに気づくかもしれません。

あるいは、逆にその「血」が自分にはないということに、「なぜ俺はカラマーゾフになれないのか」と、悔しさすら感じるかもしれません。

当然ながら、実際にフョードルのように生きろと言っているのではありません。フョードルのようなある種「悪」としか呼べないような存在にも、人間的な魅力を見出せる。そのような人生の厚みを、ドストエフスキーの作品から感じ取ることができるのも、さまざまな経験をしてきた60代という年齢ならではなのではないかと思うからです。若い頃はカラマーゾフの息子たちに感情移入しながら読めたかもしれませんが、60歳を過ぎてからはなぜ、フォードルという父は人生の晩年まで欲望に忠実に生きることができたのかと問いながら読んでみることもできます。

文学に普遍的な答えはありませんから、読後に感動できるか、カタルシスに入り込めるかはその人の年齢や経験値、好みの問題で変わってきます。いずれにせよ、その人なりの稀有《けう》なる体験を求めて、手に取ってみてほしい名作です。

「思い出」に浸り「人生を肯定する」ことの正解

柴田トヨ『くじけないで』に学ぶ思い出の大切さ

プラス・マイナスでは人生は測れない

作家で詩人の柴田トヨさんが初めて詩を書いたのは92歳のときだといいます。一人暮らしのトヨさんを心配されたご長男から勧められたのがきっかけだそうです。

その作品が産経新聞の「朝の詩」に採用され、「みずみずしい感性は百歳を前にした女性とは思えない」と絶賛されました。

98歳で刊行した処女詩集『くじけないで』と第二詩集『百歳』は、累計で200万部を超えるベストセラーに。詩集としてこの部数はまさに前代未聞です。出版業界ではもはや「事件」といえる画期的な出来事でした。

柴田さんの詩は、わたしたちに多くのことを教えてくれます。60歳を迎える人たちにとっても大切なことが含まれているでしょう。その一つが、「思い出」の大切さです。

詩集『くじけないで』の中には、「思い出　I」という詩があります。

子どもが
授かったことを
告げた時
あなたは
「ほんとうか　嬉しい
俺はこれから

真面目になって
働くからな」
そう　答えてくれた

肩を並べて
桜並木の下を
帰ったあの日
私の　一番
幸福だった日

一読して誰の心にもすっと入ってきて、じんわりと優しい気持ちにさせてくれる、温かみのあるとても素敵な詩です。

これまでの自分の人生で、これが一番幸せな日だったと言えることは、何にも増して素晴らしいことですし、それ自体が幸せであるとも言えるでしょう。

「あのときは本当に幸せだった」と、そう思える瞬間の風景が、何物にも代えがたいものとして心の中にあるということ。

そうした心の中の写真が一枚、二枚とあるだけで、人は自分の人生に対して肯定的になれるのです。

ある意味では、人生にとってこれほど重要なことはないでしょう。人生を肯定して生きるか否定して生きるかは、世の中が敵か味方かというくらいの根源的な話だからです。

人生への肯定感が高まれば、それは自分自身を好意的に受け止めることにもつながります。自分を嫌いにならなければ、人はきっと幸せな人生を送ることができるでしょう。

たとえ今は大変な時期であったとしても、「少なくともあのときは本当に幸せだった」という記憶があれば、わたしたちは前を向いて生きていくことができるのです。それが思い出というものの大切さであり、素晴らしさでもあります。

人は往々にして、プラスマイナスでものごとを査定してしまいがちです。これまでの人生を振り返り、よい思い出があったとしても、悪い思い出のほうが多ければ、自分の人生は失敗だったと、量的に評価してしまうのです。

プラスもあったけれども、マイナスはそれ以上にあった。したがって、プラス・マイナスの差し引きで、わたしの人生はマイナスだった。このように、プラス・マイナスで人生を「査定」してしまう「査定社会」とも呼べるような現代の価値観に対して私は否定的です。

人と人がめぐり合い、他者を理解する際にも、「この人は友人としてつき合っていて、自分にとって利益があるかどうか」「将来の配偶者としてメリットがあるかどうか」というふうに査定的なものさしで、人間を考えてしまう人がたくさんいます。

出会いの基本はあくまで「縁」であるとわたしは思っています。偶然とも必然とも言えるような巡り合わせ。互いに反発しながらも惹かれ合う、不思議な関係が「縁」です。俗に「腐れ縁」とも言いますが、「縁」でつながった者どうしは、やはりお互いに人間として「合っている」のではないかとも思うのです。「縁」で結ばれた人たちは、さまざまな思い出を共有することで、よりいっそう、その「縁」を固く、厚くします。

人と人のつながりを、プラス・マイナスで「査定」するような人間観で捉えるのではなく、「縁」によってめぐり合った「人間らしい」付き合いとして捉える。そういう人間らしい感覚を失わずにいられることが大切なのではないでしょうか。
柴田さんの詩は、そうした気持ちをわたしたちに教えてくれます。そして、思い出の意味と大切さも伝えてくれています。

「思い出」を通じて人生を肯定する

詩集『くじけないで』には、「目を閉じて」という可憐な詩も収められています。

目を閉じると
お下げ髪の私が
元気に
かけまわっている

私を呼ぶ　母の声
空を流れる　白い雲

何処までも広い
菜の花畑

九十二歳の今
目を閉じて見る
ひとときの世界が
とても　楽しい

今風に言えば、「胸がキュンとなる」ような、詩情豊かでみずみずしい言葉の連なり。自分に重ね合わせて涙をこぼしてしまう人もいるでしょう。

あたりまえのことなのですが、どんなにお年を召した人でも若かった時代はあり、子どもだった時間はあったわけです。しかし、わたしたちは目の前の高齢者を見るとき、「おじいちゃん」「おばあちゃん」という、今の姿でしか考えないのが普通でしょう。

高齢者の方々が10代や20代という青春期、その後の壮年期といった時間の旅路を経たうえで、今そこでお話しされているのだということをつい、忘れがちです。

それはひるがえって、自分自身についても、言えることなのです。60歳の自分が、かつて若い頃はどんな感覚でいたのか。子どものときにどんな気持ちでいたのか。日常の中でそれを思い出す機会はほとんどないのではないでしょうか。

しかし、柴田さんの描いた詩の世界のように、楽しく笑っていた子どもの自分が過去にいたはずなのです。

その瞬間の記憶を、目を閉じて思い出してみて、今の自分を見つめ直してみるというのは、とても大切なことです。

自分にとって幸せだった時間を、90歳を過ぎた今も詩として書けるということ、その「今」があるということが幸福感なのです。

それによって自分の送ってきた時間が「ああ、いい人生だったんだな」と肯定できるからです。人生を肯定するだけの大きな力が、「思い出す」という行為にはあるということがわかります。

「思い出にひたってばかりでは前には進めない」「過去は過去、大事なのは未来」という考えもありますし、たしかにそういう場面は現実の社会には多々あることでしょう。しかし、さまざまな時間を重ねてきた人生経験豊富な60歳以降の人間にとって、「思い出」に浸ることは、必ずしも現実逃避を意味するものではありません。

過去の記憶に閉じこもって現実を見ないというのではなく、現実社会と向き合いながらも、節目節目で美しい思い出を呼び起こしつつ、人生を肯定していくということ。それは別に後ろ向きなことでもなければ、恥ずかしいことでもありません。

誰の人生にも「あのときは輝いていたな」という瞬間はあったはずです。すべてがうまくいったわけではないとしても、「あのとき」という心の中の写真の一枚一枚が、これからの日々を前向きにしてくれるはずです。

柴田さんは90歳を過ぎて詩を書きはじめ、101歳で亡くなるまで書き続けました。詩を書くことで、あらためて人生の新しい世界が開け、詩をもってして人生の新たなページをめくっていったということではないでしょうか。

齢《よわい》92からの新しい世界です。「60歳などまだまだこれから、なんだってできますよ」と、柴田さんがわたしたちに語りかけてくれている気がします。

60代からは自然体で生きることの正解

まど・みちお『百歳日記』に学ぶ幸福な人生

100歳の詩人まど・みちおさんから学ぶ

人生の後半をこれから生きようとする60代の人たちにとって、その最晩年まで精力的に活動を続けた人生の先輩たちの生きざまは、ぜひ生き方の参考にしたいものです。人生の晩年を穏やかに、かつ豊かに生きたであろう人物として、真っ先に頭に浮かぶのは、満100歳を超えても詩を書き続けた、まど・みちおさんです。

先に紹介した「ぞうさん」や「やぎさん　ゆうびん」など、日本人なら誰でも記憶に残っている歌詞を書かれた人であること、さらには、児童文学のノーベル賞ともいわれる国際アンデルセン賞作家賞を、日本人で初めて受賞された方としても知られています。

その、まどさんの詩や随筆が収められた『百歳日記』が2010年に刊行されています。これは、60歳とか70歳とかいうことと関係なく、若い方も含めてすべての日本人に手に取っていただき、それぞれの世代の視点で読んでほしい一冊です。

まどさんには寿美《すみ》さんという奥様がいらっしゃいました。そのことを次のように記されています。

私のかみさんは寿美《すみ》といいます。結婚してもう七十年くらいになりますが、似合いの夫婦だと思っております。こんなふうにいうと「そんなこと初めて聞いた」とかみさんに言われたりして、言い合いになることもあるんです。かみさんは神様じゃないんでね、いろんなことがあるはずなんですが、とにもかくにも立派な人です。

飾り気もてらいもない、まっすぐで自然体の文章。誰に対しても気負うことなく、己の内にある思いを素直に文にすれば、こういう日本語が生まれるのでしょう。

100歳の人が書いたこんなにも優しい文章と対峙《たいじ》すると、わたしたちは「これまでいったいどれほど背伸びしていたのだろう」「何にマウントをとろうとしていたんだろう」と考えさせられてしまいます。

文章というものには力があります。その力の源はテクニックではなく、書く人の心であることを、わたしたちは100歳のまどさんから改めて教えられます。

理想的な年の取り方

まどさんは「トンチンカン夫婦」という詩を書いています。まどさんが91歳のときに作った詩です。

満91歳のボケじじいの私と
満84歳のボケばばあの女房とはこの頃

毎日競争でトンチンカンをやり合っている
私が片足に2枚かさねてはいたまま
もう片足の靴下が見つからないと騒ぐと
彼女は米も入れてない炊飯器に
スイッチを入れてごはんですようと私をよぶ
おかげでさくばくたる老夫婦の暮らしに
笑いはたえずこれぞ天の恵みと
図にのって二人ははしゃぎ
明日はまたどんな珍しいトンチンカンを
お恵みいただけるかと胸ふくらませている
厚かましくも天まで仰ぎ見て・・・・

まどさんの詩を読むと、老いていくことへの不安がやわらいでいくような心持ちになります。もちろん老いという現実には、具体的な困難なことがたくさんあるわけですが、ここで学びたいのはその現実の受け止め方なのです。

確かにわたしたちの誰もが年を取りますし、年を取ればその分、失敗も増えてくるでしょう。でも、そのたびにまどさんのご夫婦は顔を見合わせ、「天の恵みだね」とクスクスと笑い合うのです。

こんなにも理想的な年の重ね方があるでしょうか。誰もがこうありたい、こう年を取りたいと、本気でそう思える生き方です。

家族のトンチンカンは楽しいこと、モノ忘れをしても、どんなに失敗をしても、なんでもかんでも「天の恵み」と受け止めることができたら、その人、そのご夫婦、そのご家族は、きっともっと大らかに生きられます。その周囲の人たちも、もっと豊かな心を保つことができるでしょう。

人生後半の「幸せ」を考える

また、まどさんは **「幸せ」** という表題で、次のように書かれています。

現在を肯定的に見ることができる人は幸せだと思います。何か問題があるとして、それをあれこれと考えたり、大騒ぎをしていてどうなるわけでもありません。心配をすることはもちろんありますが、明るい気持ちでいたいのです。つらいことを明るく見ようとするのは、難しいといえば難しいのですが、私のいうところの神様、天然、自然の現象の中にその問題を置いて眺めると、なんとなくホッとするところがあるんです。ちょうど、オーロラが光るような感じがスーッとして、涙を誘うような気持ちなのです。そういうことを、朝夕といろいろなことを思い出しながらお祈りしています。

わたしたちは「ポジティブ」という言葉を日常的によく使いますが、それがどんな意味なのかを改めて考えてみると、まどさんが言うところの「心配をすることはもちろんあるけど、明るい気持ちでいたい」という、この思考に結局は帰結するのではないでしょうか。言い換えれば、この気持ちさえあれば、どんな失敗も「天の恵み」と受け入れることができるということでしょう。

まどさんの詩やエッセイを読み終えたとき、肩の力が抜けて、ニコニコと笑顔になってしまう人もいれば、なぜだか涙が止まらないという人もいるでしょう。

いずれも共通するのは、読んだ後に優しく穏やかな心になれるということです。詩はとても奥が深い世界で、その理由は、シンプルな形式ゆえに、行間に多くの「心」が詰まっているからなのです。

現役を引退し、少しずつ自分の時間が出てくる60代、まどみちおさんの言葉に触れることで、この行間に充満した「心」を読み解く練習をしてみてはいかがでしょうか。

きっとこれからの人生で、たとえ困難があったとしても、大らかに穏やかに、「ポジティブ」に生きることの手助けになってくれます。

「本当の幸せ」を追求することの正解

ゲーテ『ファウスト』に学ぶ人間の幸福

生きることに飽きた老人を誘惑する悪魔

世界文学の名作である、ゲーゲの『ファウスト』という作品は、いわば人生をひとしきり生きてしまったことで、この世に生きることに飽きてしまったとき、人間はどうするのかということが物語の根幹となっています。主人公であるファウスト博士は、この世の大概のことを経験し、知っているような人物です。
そんなファウストに、悪魔のメフィストフェレスが誘惑しにやってきます。メフィストフェレスは主（キリスト教の神）と賭けをして、このファウストを主の手から奪い、堕落させようとするのです。その主との賭けをする際の冒頭の台詞は、とりわけ有名です（引用はすべて手塚富雄さんの訳からです）。

メフィスト　ようがす、旦那、何を賭けます？　あいつを旦那の手からとってみせる。旦那のおゆるしさえありゃ、あいつをわたしの道へそろりそろりと引きこんでやりますよ。
主　あれが地上に生きているあいだは、おまえがあれをどうしようと、咎めはしない。人間は努力するかぎり迷うものだ。

こうしてメフィストフェレスはファウスト博士の書斎を訪れ、彼を誘惑するのですが、当のファウスト自身の独白は次のようなものです。

ああ、こうしておれは哲学も、法学も医学も、
いまいましいことには役にもたたぬ神学まで、
あらんかぎりの力を絞って、底の底まで研究した。
（略）
ああ、照りわたる月よ、おまえがこの苦しみを照らすのも、
これが最後であればいいに。
幾度おれは、真夜中まで
この机に凭《よ》ったまま、おまえの訪れを待ったことか。
するとおまえは、おれと悲しみを共にして、
ひっそりと書物や紙のほとりにさしてきたのだ。
ああ、おまえの光におしみなく照らされて
山々を尾根づたいに歩いてみたい。

山深い洞窟のほとりを精霊たちといっしょに飛びめぐりたい。
おまえのおぼめく光といっしょに野をさまよいたい。
あらゆる知識の垢を洗いおとして、
おまえの露にぬれてすこやかな自分にもどりたい。

メフィストフェレスは、世界に飽きたファウスト博士に対して、彼の知らないさまざまな世界の秘密を見せてやろうと彼に契約を迫ります。ファウストは、だったらある瞬間に対して**「とまれ。おまえはじつに美しいから」**と言ったならば、自分の負けでよいとその悪魔の契約に乗ってしまうのです。

言い換えれば、ファウスト博士は、時間すら止めたくなるような美しい瞬間には自分は出会うことはない、と思っているのです。だから、仮にそんなことがあるならば、自分の魂すら悪魔に売り渡してもいいというのです。

他人のために生きることに「最高の瞬間」を見出す

果たしてファウスト博士は、**「とまれ、おまえはじつに美しいから」**とついに口にしてしまうのか。悪魔メフィストフェレスとの遍歴の旅がはじまります。

時にメフィストフェレスはファウスト博士を魔法で20代の若者に変えてしまいます。若さを得たファウスト博士は、町娘のマルガレーテ（グレートヒェン）と恋に落ちますが、その最中で彼女の母親と兄を死なせることになってしまうのです。

グレートヒェンは深い悲しみの中で精神を病み、ファウスト博士とのあいだにできた子どもをも、自らの手で殺してしまいます。その罪で牢屋に入れられたグレートヒェンは、非業の死を遂げるのでした。

若かりし頃の恋愛というものを味わったファウスト博士は、それでも「とまれ」と言うことはありませんでした。愛した女性を失い、絶望のうちにあるファウスト博士を再びメフィストフェレスは連れ去り何処《いずこ》へと消えてしまうのです。

その後、アルプスの山中で活力を取り戻したファウスト博士は、神聖ローマ皇帝に支えて、国家再建に尽力します。またメフィストフェレスの協力もあり、戦争に勝利した結果、褒美として領地を与えられることになりました。ところが不幸は続きます。自分の領地の干拓事業に乗り出そうとしたところ、立ち退きを要求した老夫婦を誤って殺してしまったのです。ファウスト博士は、その報いに「憂い」の霊を吹きかけられ、失明してしまいます。

やがてファウスト博士は死んでしまうだろうと考えたメフィストフェレスは、自分の手下にファウスト博士の墓を掘らせるのです。ところがファウスト博士は、その音は人々が領地の干拓事業を行っている音だと勘違いし、この干拓が肥沃な領地を生み、何百万人という人々が、働き自由に暮らしていけるような土地になるのだということに、感銘を受けるのです。そして、とうとうファウスト博士はあの言葉を口にしてしまいます。

そうだ、この自覚におれは全身全霊を捧げる、
それは人智の究極の帰結で、こうだ。
およそ生活と自由は、日々にそれを獲得してやまぬ者だけが、

はじめてこれを享受する権利をもつのだ。
だからここでは、子供も大人も老人も、
危険にとりかこまれながら、雄々しい歳月を送るのだ。
おれはこういう群れをまのあたりに見て、
自由な土地に自由な民とともに生きたい。
そのとき、おれは瞬間にむかってこう言っていい、
「とまれ、おまえはじつに美しいから」と。
おれの地上の生の痕跡は、
永劫を経ても滅びはしない、――
こういう大きい幸福を予感して、
おれはいま最高の瞬間を味わうのだ。

こうしてファウストは息絶えます。あの幸福を知らぬ老人が悪魔との遍歴の末に、とうとうその幸せの何たるかを見つけたのです。

自らの生を皆のために捧げるというところに、『ファウスト』の物語の感動を呼ぶところと言えるでしょう。自分自身の生命は有限だけれども、自分の犠牲によって次の世代の人たちが幸せになるのだと思うと、そこで魂が次世代へと受け継がれていく感じを覚える。そのことによってファウスト博士は満足し、「大きい幸福」を得たのだろうと思います。それが彼にとって生涯で唯一の「最高の瞬間」だったのです。

読者の皆さんの中にも、たとえば大きな建設工事にかかわり、その結果、ビルディングや公園、高速道路、トンネルや線路などを建てた経験をもっている人もいるのではないでしょうか。どんな形であれ、そのような事業に関わり、自分の子どもや孫の代にまで使われるであろう物を残せたということは、ある意味ではそこに魂を託し、残すことができたということなのかもしれません。

老年に入ろうとする人間にとって、真の幸福とは何なのか、ゲーテの『ファウスト』は大変に深淵な哲学的テーマを、感動溢れる作品に昇華しています。

これから人生後半を生きるわたしたちも、この世界文学の名作に触れながら、改めて「幸福」とは何かということを考え直してみるのもよいのではないでしょうか。

老年期のアイデンティティを考えることの正解

エリクソン『老年期』から学ぶ老年期の生

ライフサイクルの8つの段階

人生後半の生き方について、最後にアメリカの精神分析医で発達心理学者のエリク・エリクソンの『老年期』という書物を紹介したいと思います。専門書なのですが、わたし自身、大学でエリクソン研究をやっていたものですから、少し簡単にお話しできればと思います。

エリクソンは「アイデンティティ」という言葉を、世界中に知らしめた研究者でもあります。アイデンティティとは存在証明のことであり、「アイデンティティがある」というのは「自分の存在とは○○である」と言える何かがあるということなのです。

エリクソンはアイデンティティを獲得していく過程で、人生には8段階のステージがあると考えました。これがいわゆるエリクソンの「ライフサイクルの8段階」と呼ばれるものです。著書『老年期』では、幼児期から始まり、児童初期、遊戯期、学童期、思春期、成年前期、成年期、老年期とステージ（人生段階）が示されています。

特に60歳になった人にとって問題となる段階は、成年期と老年期でしょう。人は思春期の理想的な関わり合いを経て、親密な人間関係を重ねた後に、親密な同居のパターン、つまりパートナーを得て、結婚したり家族を持ったりする成年前期を迎えます。この成年前期では、親密性と孤独が緊張関係になり、愛の問題が主題となってきます。

それがさらに進み、成年期に至ると、愛が発展し、親密な関係性の中で、世話（ケア）という問題が出てくるわけです。親や配偶者、子どもを養い世話をするというのも、成年期の大きな特徴と言えるでしょう。成年期の段階を生きる人は、他者の世話をすることで本人も成長し、自己を確立していきます。

そして、老年期には、まさに人生の完成の段階であり、英知というものが主題となってくるとエリクソンは考えました。

英知とは、死そのものを目前にしての、人生そのものに対する超然とした関心である。英知は、身体的精神的機能の衰えにもかかわらず、経験の統合を保持し、それをどう伝えるかを学ぶ。

これまでの人生経験を統合し、保持し、それを他人に伝えていくことを学ぶ時期なのだと、エリクソンは語っています。

老年期の究極の解放は「猫」になること!?

それでは、老年期において人はどのように過ごすべきなのでしょうか。エリクソンは、

「相互依存を信頼すること。必要なときは助力を与え、そして受けること」と述べています。本書でも繰り返し語ってきましたが、これまでのプライドを捨て、他人を信頼し、他人に身を任せる時期なのだというのです。

エリクソンは老年期における**「究極の解放《レッティング・ゴー》」**とは、**「ただ存在するだけの状態」**、たとえるならば、猫のような存在だと言います。

母猫が仔猫を口にくわえると、仔猫はすべての緊張を緩め、四肢をだらりとさせて、母性的な慈愛を無限に信頼する。仔猫は本能的に感応する。しかし、われわれ人類がこれができるようになるには一生涯練習が必要である。

人は母猫にくわえられた仔猫のような、無限の信頼を得られるようになることが、解放なのだと言うのです。老年期においてプライドを捨て、人に任せることを知ることが解放であり、幸福であるというのは、まさに一つの理想と言えるでしょう。

60歳を解放、解き放ちのスタートにしましょう！

引用・参考文献一覧（順不同）

芥川竜之介『歯車　他二篇』岩波文庫
芥川龍之介『芥川龍之介全集 1』ちくま文庫
岡本あさみ『旅に唄あり　復刻新版』山陰中央新報社
ドストエフスキー『カラマーゾフの兄弟』1〜4、亀山郁夫訳、光文社古典新訳文庫
柴田トヨ『くじけないで』飛鳥新社
シェイクスピア『リア王』安西徹雄訳、光文社古典新訳文庫
シェイクスピア『リア王』福田恆存訳、新潮文庫
稲盛和夫『生き方』サンマーク出版
松下幸之助『経営心得帖』PHP文庫
岩井虔「松下幸之助と素直な心」（松下資料館HPより）https://matsushita-library.jp/f3_room/lecture/2018_0216/detail_iwai_03.html（最終アクセス日：2022年12月10日）
中島敦『李陵・山月記　弟子・名人伝』角川文庫
福沢諭吉『学問のすゝめ』岩波文庫
福沢諭吉『新訂　福翁自伝』岩波文庫
ロバート・D・パットナム『孤独なボウリング　米国コミュニティの崩壊と再生』紫内康文訳、柏書房
ピエール・ブルデュー『ディスタンクシオン』Ⅰ・Ⅱ、石井洋二郎訳、藤原書店
長谷川公一ほか『社会学』有斐閣
サマセット・モーム『月と六ペンス』土屋政雄訳、光文社古典新訳文庫
まどみちお『百歳日記』NHK出版
KAWADE夢ムック『総特集　まど・みちお　「ぞうさん」の詩人』河出書房新社
河盛好蔵編『三好達治詩集』新潮文庫
ウィトゲンシュタイン『論理哲学論考』野矢茂樹訳、岩波文庫
L・ウィトゲンシュタイン『哲学探究』鬼界彰夫訳、講談社
田辺繁治『生き方の人類学　実践とは何か』講談社現代新書
中村元訳『真理のことば　感興のことば』岩波文庫
中村元訳『ブッダのことば』岩波文庫
ニーチェ『ツァラトゥストラはこう言った』上下、氷上英廣訳、岩波文庫

ベンジャミン・フランクリン『フランクリン自伝』松本慎一・西川正身訳、岩波文庫
夏目漱石『夏目漱石全集 8』ちくま文庫
夏目漱石『夏目漱石全集 10』ちくま文庫
矢島裕紀彦監修『夏目漱石　100の言葉』宝島社
宮沢賢治『宮沢賢治全集 6』ちくま文庫
ゲーテ『ファウスト』Ⅰ・Ⅱ、手塚富雄訳、中公文庫
樋口一葉『にごりえ　たけくらべ』岩波文庫
小堀杏奴『晩年の父』岩波文庫
セルバンテス『ドン・キホーテ』牛島信明編訳、岩波少年文庫
E.H. エリクソン、J.M. エリクソン、H.Q. キヴニック『老年期　生き生きしたかかわりあい』朝長正徳、朝長梨枝子訳、みすず書房
リンダ・グラットン、アンドリュー・スコット『LIFE SHIFT（ライフ・シフト）100年時代の人生戦略』池村千秋訳、東洋経済新報社
齋藤孝『リア王症候群にならない　脱!不機嫌オヤジ』徳間書店
齋藤孝『難しい本をどう読むか』草思社
齋藤孝『齋藤孝の仏教入門』日経ビジネス人文庫
齋藤孝『渋沢栄一とフランクリン』致知出版社
齋藤孝『筋を通せば道は開ける　フランクリンに学ぶ人生の習慣』PHP新書
齋藤孝『座右のニーチェ　突破力が身につく本』光文社新書
齋藤孝『日本語力で切り開く未来』集英社インターナショナル新書

齋藤 孝（さいとう たかし）

1960年静岡県生まれ。明治大学文学部教授。東京大学法学部卒。同大学院教育学研究科博士課程を経て現職。『身体感覚を取り戻す』（NHK出版）で新潮学芸賞受賞。『声に出して読みたい日本語』（毎日出版文化賞特別賞受賞、2002年新語・流行語大賞トップ10入り、草思社）はシリーズ累計260万部超のベストセラーとなる。他の著書・監修書に『読書力』『コミュニケーション力』『古典力』（すべて岩波書店）、『理想の国語教科書』（文藝春秋）、『質問力』『現代語訳 学問のすすめ』（ともに筑摩書房）、『雑談力が上がる話し方』（ダイヤモンド社）、『1話1分の脳トレ 齋藤孝の音読de名著』『えんぴつで脳を鍛える なぞりがき懐かしの名作文学』『子どもの頭と心を育てる100のおはなし』『子どもの自己肯定感が高まる ほめ方・叱り方の新常識100』（すべて宝島社）など多数。テレビ出演多数。NHK Eテレ『にほんごであそぼ』では総合指導を務める。

名著に学ぶ
60歳からの正解

2023年1月28日　第1刷発行

著　者　齋藤 孝
発行人　蓮見清一
発行所　株式会社宝島社
〒102-8388　東京都千代田区一番町25番地
電話：営業 03-3234-4621
編集 03-3239-0926
https://tkj.jp
印刷・製本　中央精版印刷株式会社

ISBN 978-4-299-03903-3